Know Yourself

你就是困住自己的那座山

KnowYourself 汤落雁 著

湖南文艺出版社

·长沙·

只 为 优 质 阅 读

好
读
Goodreads

致谢

感谢 KnowYourself 创始人钱庄对整个课程框架的关键性指导，感谢方意焱对训练营心理专业内容及编辑方面的重大贡献，感谢孙向利、江吟、刘佳等的参与。

特别感谢父亲汤超义对书稿修改的建议与指导。

PREFACE 自序

回看过去的十年，是我成长最快的十年：我从一个感性、敏感的人，变成了一个能在理性和感性状态之间自如切换的人；从一个理想主义的文艺青年，逐渐变成了一个拥有一套用于思考的思维逻辑系统的人；从容易内耗和自我攻击的个性，变成了能够自我接纳的个性，并建立了一个自洽、从容的自我。而这个过程有一大部分就发生在"工作中"。我在美国创过业，回国后在大企业历练过，也在互联网创业企业摸爬滚打过，从基层岗位到管理角色，经历了起起伏伏，这让我学会把各种现实的困难当成自己成长的源泉。尤其是放弃金融行业的高薪，加入泛心理创业企业 KnowYourself 的这段经历，让我面对了更大的挑战，也收获了很多惊喜。能够成为一名专业教练并且在团队推行教练式管理，应该说是最大的惊喜。我拿到 ICF（国际教练联盟）的 PCC（专业级教练）资格认证的时候，全国的 PCC 还不到八百人。其实，我当初去学习、考证完全是出于业务目的，想要看看教练技术会不会是心理咨询的一种补充，没想到后来在自己做一对一教练、团队教练的过程中发现自己非常热爱做教练这件事，尤其是在能够将心理技术和教练技术结合，有效地帮助客户实现改变、达成目标时，不但有一种学以致用的兴奋感，更有一种难以言喻的价值感。

2023 年，我和团队把我自己的成长历程和教练经历总结成了一套"心智成长训练营"的课程，在 B 站（bilibili）和 KnowYourself 自有平台推出，也收

I

到了许多好评。我在训练营的直播课里常常听到学员评价说:"落雁老师状态真好,能看出她很热爱现在的工作和生活。"也有很多学员给平台发来感谢,说这个训练营帮到了他们。后来,我们收到了来自出版社的出版邀约,深思熟虑之后,决定把训练营的精华部分摘出,让更多人能看到这一套心智成长的思路。

先说说这个课程(这本书)的底层逻辑。

我和KnowYourself团队的其他成员在大量的助人实践中发现,那些最终能摆脱内耗、高效成长的人,往往是发展出更成熟心智模式的人。

"心智模式"这个词,最早是由苏格兰心理学家、哲学家肯尼斯·克雷克在1943年提出的,指的是一个人如何理解和解释现实世界中人、事、物的运作方式。它决定了人们如何思考、看待问题,也影响着人们对于不同情况所做出的反应、行动。[1]

简单讲,就是面对一件事,心智模式决定了一个人如何思考、如何做出反应。

举个例子:老板在开会的时候大发了一通脾气,说方案的方向不对,要

---

1 引自肯尼斯·克雷克:《解释的本质》(*The Nature of Explanation*),剑桥大学出版社,1943。

换方向。可这个方向其实是他之前通过了的。下面是三个人的内心独白。

A：脑子坏了吧，真晦气，改了多少次了啊？要改不早说？这破活，谁爱干谁干，老子不伺候了。当初还不如去别家公司呢。

B：天啊！老板发火了，可是这个方向他之前确认了呀？肯定是我有什么地方疏漏了，怎么这点事都做不好。又要加班改方案了，年终奖是不是又要泡汤了，我会不会被开掉啊？唉！实在不行回家吧。唉！不行，这样肯定要被亲戚朋友说闲话了……

C：不懂有什么可发火的。不过他生气是他的事，我上班也不是为了来哄老板的，没必要也跟着难受。他刚才讲的第一点和第三点没什么道理，不过第二点还有点意思，确实之前没想到。我看看能不能优化一下好了。过段时间，等他心情好点再给他汇报吧。

我想你一定能看出 A、B、C 三个人在心智模式上的差异。

更成熟、更具优势的心智模式，到底强在哪儿？根据我和团队的实际助人经验，结合 Loevinger（卢文格）等人的自我发展理论，我们总结了两大关键特征：高自主性（personal autonomy）和高灵活性（flexibility）。

高自主性是说，一个人在外界或是他人的影响下，依然能按照自身的意愿做出决定和行动。高灵活性则是说，一个人面对复杂多变的境遇依然能够自如应对。

这本书分为三个阶段。

第一阶段，侧重于理解和定位心智模式。我会讲到高水平的心智模式有什么特征，如何定位自己的心智模式，明确心智成长的方向。

第二阶段，侧重于自主性的提升。我会尝试帮助你搭建一套完备、成熟的思维逻辑系统，掌控人生的主动权。

第三阶段，侧重于灵活性的提升。我会尝试帮助你获得灵活应变与终生成长的能力，让你面对人生困境、不确定性，依然能够从容自洽。

你可能会问，心智成长听起来很困难，光看书、学理论能行吗？研究人格发展的心理学家们总结，心智成长有两个必要前提：一个是现实挑战，是说你在现实中真的遇到了困难，你搞不定了、受不了了；另一个是认知准备，就是你能够感受、识别出这个困难，知道困难是怎么来的，并且学会调整方法。[1]

这本书的内容其实是帮助你识别挑战和做好认知准备，还需要大家结合

1　引自 J.Manners 和 K.Durkin 合著论文《成人自我发展过程：概念框架》（"Processes Involved in Adult Ego Development: A Conceptual Framework"），发表于 2000 年《发展回顾》期刊（*Developmental Review*）第 20 卷第 4 期，第 475-513 页；以及 J.Manners 和 K.Durkin 合著论文《对自我发展理论及其测量有效性的批判性审查》（"A Critical Review of the Validity of Ego Development Theory and Its Measurement"），发表于 2001 年《人格评估》期刊（*Journal of Personality Assessment*）第 77 卷第 3 期，第 541-567 页。

现实挑战，学以致用。

  我个人的经验是，所有职业上遇到的挑战，都是发展心智模式的绝佳契机，因此我会更多基于职场中的困惑和问题来诠释心智模式，辅以一些情绪管理、亲密关系和原生家庭等其他议题。其实，心智模式成长之后，很多问题都可以迎刃而解。

  有一个我很喜欢的比喻，送给大家。

  人生的过程就像是一艘船在河流中航行。而我们遇到的问题就像是水中阻碍船航行的石头。有人在航行中选择一次次下船搬开石头，然而你有没有想过，如果河流的水位提升了，那么原先的阻碍甚至就不再是阻碍了。

  心智模式的成长，就像是河流水位的提升，虽然它不意味着困难这一块块石头就此消失，但我们依然可以自如航行。

汤落雁

目 录
CONTENTS

阶段一
理解心智模式

第一讲
心智入门

什么是心智模式 -003

自主性和灵活性 -004

不同心智模式的自主性、灵活性及内耗程度 -004

第二讲
心智评估：定位自己的心智模式与职场优势

心智模式的四个判断维度 -015

不同心智模式的职业优势 -018

第三讲
心智适配：不同心智模式者间的交互与影响

容易出现问题的心智模式配对 -027

遇到不同心智模式的人，怎么打交道 -031

阶段二
发展心智模式：建立自主三角

第四讲
自主系统：把你从混沌中拯救出来

为什么要建立系统 -045

怎么建立系统 -048

自主三角模型 -053

第五讲
价值驱动：目标清晰，为何依然内耗？

价值驱动的意义 -061

价值驱动的三个步骤 -067

第六讲
身份：自我，我是一个怎样的人

怎样认识自我 -078

"好"的自我评价体系 -081

第七讲
身份：角色，在角色中我们还能做自己吗？

认识职业角色的重要性 -092

最优状态：做真实的自己 -095

次优状态：将角色作为策略 -099

无奈状态：撤离 -102

没有什么是角色强加给我们的 -104

第八讲
身份锚定：自我分化水平

自我分化水平 -109

如何提升自我分化水平 -113

第九讲
规则分化：从"不得不"到"我想要"

我们为什么会盲从 -125

如何避免盲从 -128

自主三角与积极自由 -132

挑战权威四步法 -134

第十讲

边界分化：你有没有"过度负责"

过度负责的心理原因 -138

怎样避免过度负责 -142

第十一讲

视角分化：敢于求助、善于协作

解决"不敢"的问题 -153

解决"不会"的问题 -157

第十二讲

矛盾调和：职场"夹心饼干"攻略

调和矛盾的第一原则：找到各方的自主三角 -165

调和矛盾的第二原则：不做情绪的"夹心饼干" -167

阶段三
发展心智模式：走向内观自变

第十三讲
内观：要做自己，也要对自我保持"警惕性"的觉察

觉察 -178
困境是唤起觉察的契机 -180

第十四讲
愿景引领：如何做到不纠结、不后悔

什么是愿景引领 -188
从愿景推导价值 -191
构建法 -193
捕捉法 -195

第十五讲
扫清障碍："我想要"和"不可能"打架怎么办？

PAC 模型 -201
如何应对内心的批评 -205

第十六讲
承诺行动：焦虑的反面是具体

我们为什么会选择困难 -213

纠结时怎么选 -216

行动指南 -219

第十七讲
清零心态：不要让经验成为你的绊脚石

经验何以成为阻碍 -224

怎样科学地运用经验 -228

第十八讲
正念：放下志在必得的执念，获得更开阔的人生

再谈自主三角 -235

"纯粹的痛苦"和"额外的痛苦" -239

观察与接纳 -241

拥抱 -245

后记
我们必须也只能为自己负责

很多时候，我们的"付出"只是一种角色扮演和自我欣赏 -253

不要把自己当"权威" -254

我们永远"有的选" -256

阶段一 —— 理解心智模式

第一讲
心智入门

我在做心理教练或是带下属的过程中发现,向我求助的人,往往处在一种非常矛盾、纠结的状态中。比如:

工作太累,但是待遇还可以,要不要辞职?
不在自己职责范围内的事,同事来求助,做不做?
一项工作,客户和领导想要的不一样,该听谁的?

这样的矛盾和纠结还有很多,不仅存在于职场中,还存在于亲密关系、人生选择的方方面面。在寻求我的帮助之前,他们脑子里的小人已经打架一万遍了,依然想不出一个满意的答案。这个"想答案"的过程,偏偏又消耗了他们大量的精力,把他们搞得身心俱疲,这样的状态就是我们常说的"内耗"。

无论我们的矛盾和纠结来自何处,背后往往会有一个共同的底层原因,就是心智发展的程度不够。而对应的本质解决方案，就是心智模式的成长。

● 什么是心智模式

我在自序中解释过，心智模式指的是一个人如何理解和解释现实世界中人、事、物的运作方式。它决定了人们如何思考、看待问题，也影响着人们对于不同情况所做出的行动。

举个例子。一个小团队里，有一个领导老王，以及两个下属小陈和小李。老王是一言堂类型的领导，总是说"我才是领导，都得听我的"。哪怕有些事他自己明明不懂，他也不愿意听其他人的意见，而且只要事情没有按照他的想法做，他就会大发雷霆。

小陈，业务能力很强。他总觉得自己都是对的。因此，他经常觉得老王什么都不懂，瞎指挥，常常跟老王"顶嘴"，有时候吵得全公司都能听见。

小李则与小陈恰恰相反，他总觉得别人说的都有道理。小李的口头禅就是"好的好的"，对工作几乎是有求必应。虽然有时候，他也觉得老王说得有点过分，但他要么是敢怒不敢言，要么是告诉自己"既然领导这么说了，应该有他的道理"。

在如何理解"领导和自己想法不一致"这件事上，小陈和小李的不同反应就是心智模式不同导致的。

心智模式对于一个人的影响不仅仅表现在工作场景中。拥有某种心智模式的人，在不同的场景下，会遵循类似的思维行动逻辑，而且，心智模式和一个人的内耗程度也有很大的关系。

接下来，我们一起详细了解心智模式有哪些重要的特征、类型，以及它和内耗到底有什么样的关系。

◐ 自主性和灵活性

我在实践中发现，心智发展的过程，就是自主性和灵活性这两大特征逐渐提升的过程。

自主性，是一个人在外界或是他人的影响下，依然能按照自身的意愿做出决定和行动的能力。**灵活性**，是一个人面对复杂多变的境遇依然能够从容应对的能力。

一个人的自主性和灵活性越高，内耗就会越少。

美国著名企业教练珍妮弗·加维·贝格在《领导者的意识进化：迈向复杂世界的心智成长》一书中，针对职场环境总结了四种典型的心智模式：以我为尊、社会规范、自主导向、内观自变。这是一种相对简化的分类，后面我们会继续用这个分类方式。

不同的心智模式，自主性和灵活性不同，内耗的程度和来源也不同。

◐ 不同心智模式的自主性、灵活性及内耗程度

第一种心智模式叫以我为尊型（the self-sovereign mind）。这种心智

模式的特征是：**以自我为中心，只关注自己想要什么，不太在意别人的想法、评价和情绪。**

典型的以我为尊型的人在职场中不多，但他们往往令人印象深刻。

你可能见过或者听过那种特别不给上级面子，也不在意别人评价的小伙伴，他们为我们贡献了很多职场段子，比如上级说："某某某，你怎么到点就下班啊！"领导刚准备说年轻人要努力一点之类的话，那位某某某直接怼了一句："不到点下班，难道还可以提前下班的吗？这不好吧。"

以我为尊型的人常常特别固执，几乎听不进意见，特别像"小孩"。前面提到的领导老王和下属小陈，心智模式就是以我为尊型的。

有些人觉得，以我为尊型的人，这么我行我素，自主性一定很强吧？其实不然。

自主性有一个前提条件，就是能够认识到他人意志的存在，区分自我和他人的意志。而以我为尊型的人极端自我，很难区分自我和他人，他们根本就没法理解和接受"别人和我想的不一样"这件事，自主性也就无从谈起了。

以我为尊型的人灵活性也是很低的。因为他们只关注自身，自然就关注不到外界的变化、他人的多样性，也很难接受外界和自我的不一致。

以我为尊型的人的内耗程度如何呢？

有个挺有意思的现象。在向我求助的客户中，很多人羡慕以我为尊型的人，他们会跟我说："哎呀，我也想当个巨婴，自私一点，真的不要太爽，哪儿有什么内耗？"

这其实是误解。在四种心智模式的人中，以我为尊型的人的内耗程度，可以排到第二名。在职场中他们的内耗尤为明显，因为职场中绝大部分的事都需要合作完成，以我为尊型的人想要实现自己的想法，也得合作。

但是在合作的过程中，他们没法理解对方的想法，于是以我为尊型的人总是会想："这个人怎么这样？我明明是对的，他怎么就不听？我怎么又碰上了个傻子？怎么事情和我想的总是不一样？"

职场里以我为尊型的人，可能会经常让同事处在不舒服的状态还不自知。这样的人还常常跟同事们说自己快抑郁了，觉得老板也不好，下属也不好，合作伙伴也不好。同事们都很诧异，觉得明明是他自己很难相处啊。但是在他的主观世界里，他也确实郁闷。我们常常会听到以我为尊型的人说："烦死了！"

外界和自己的想法不一致、得不到自己想要的所带来的纠结，会是以我为尊型的人内耗的主要来源。

我描述了这么多，好像以我为尊型是一个完全负面的心智模式，其实也不是。虽然整体上以我为尊型的人在职场比较容易受挫，也没那么受欢迎，但他们也会有自己的优势，我会在下一节中展开讲解。

第二种心智模式叫社会规范型（the socialized mind）。

这种心智模式的人最大特点是"守规矩"，非常在意他人（尤其是权威）的意见和评价。

比如，我前面提到的"听话""敢怒不敢言"的小李，就是一个典型的社会规范型的人。

"社会规范型"相比"以我为尊型"而言,是一种更成熟的心智模式。这种类型的人会抛开"我是世界中心"的认知,开始接纳他人观点,更能接受他人意见,也更容易看到自己的不足。

这样的人,在学生时代往往是听话的"乖学生""好学生",在职场中,他们也往往被称赞为"靠谱""踏实",被评价为"好人"。

不过,他们往往是最内耗的一类人。我说几个场景。

场景一:一个项目,老板想做A,客户想做B,老板让你说服客户,客户让你说服老板,而你两边都不想得罪,怎么办?

场景二:一个大项目要紧急上线,要求加班,这时候家人又希望你早回家,怎么办?

场景三:同事请你帮忙,帮了忙你自己的事就完不成,不帮忙你又怕同事觉得你这个人不近人情,怎么办?

不知道这些场景会让你有什么感受。社会规范型的人会绞尽脑汁地去想,到底怎么让所有人都满意。

这些生活中无处不在的矛盾和冲突,无论是来自内心,还是来自外界多方,哪怕是很小的冲突,都会成为社会规范型的人的内耗来源。而且在这个时候,他们能想到的办法,往往是委屈、牺牲自己,尽量让其他人满意。幸运的情况下,自我牺牲能让别人满意,但更多时候,付出自己的辛苦劳动,并不会换回好结果。

社会规范型的人自主性是相对较低的，原因在于他们总是依赖外界的规则和要求来约束自己，缺乏真正属于自己的价值判断体系。 你常会听到他们说"规定是这样的""老板这么说了""家里人让我如何如何"，但几乎听不到"我认为""我希望"。因此，在自主性上，社会规范型的人比以我为尊型的人要低。

灵活性上，他们会比以我为尊型的人高一些，至少他们能意识到不同想法、价值、标准的存在，而且会努力去适应。

职场中，尤其是职场新人里，社会规范型的人是很多的。而且我发现，社会规范型的人在学校里通常过得还是挺好的，因为大多数人在学生时代接受的标准往往是很明确、单一的，什么事都给你规定好了。就像是数学练习册，问题给你了，限制条件也给你了，找个公式套进去就行了，甚至每道题都有个标准答案。

但人生哪儿有什么标准答案啊？有些时候，甚至连问题本身都带有非常高的隐蔽性需求，需要自己去留心观察才能发现。

这个时候，社会规范型的人又没有一套属于自己的、稳定的认知行为逻辑，内耗自然而然就达到巅峰。

上面介绍的两种心智模式，都属于灵活性和自主性低、内耗高的类型。接下来要介绍的是两种在自主性和灵活性上都较高，从而内耗就更低的心智模式类型。

第三种心智模式叫作自主导向型（the self-authored mind）。

如果说社会规范型的人的决策系统以及对事物的判断标准都来自外界，

那自主导向型的人的这套标准就来自自身。

他们比较清楚自己是什么样的人、自己想要什么，并且结合自己的经验和思考，形成了一套内化的、独立的判断系统，来指导自己的决策和行动。

自主导向型的人，自主性强就强在这套判断系统上。

他们用这套系统做决策、调和矛盾。他们能够倾听不同的意见，但最终他们会回到自身的决策机制里做决定。

他们的灵活性也相对较高。他们知道规则是死的，人是活的。他们也知道，很多表面的冲突背后都是有原因的，找到这个原因，就可能找到对应的解决方法。

举个例子。上级提了一个看上去离谱的要求。一项工作本来需要做一个月，结果上级说半个月就要做完。以我为尊型的人可能当场就直接向上级表达自己的不满。社会规范型的人第一反应可能是紧张甚至绝望，想着做不完怎么办，是不是又要挨骂，或者是不是又要加班，但是这件事是上级交代的，他也不敢说什么，最后每天默默加班按时完成工作。

自主导向型的人会怎么做？他一开始也可能觉得，这个要求不现实，但他也不着急反驳或者接受。他会调用他的判断系统去想：这个要求的背景是什么？上级说半个月就要做完，实际上想要达成一个什么结果？是不是一定要半个月完成？有没有别的方法能达成这个结果？如果时间是死的，是不是可以在别的资源上协调一下，比如，多加人力或多花点钱？

把这些想法和上级沟通，可能就会发现，原来，上级要一个粗略的方案就可以，时间其实是够的；或者这个项目确实很急，也很重要，公司愿意再协调两个人来帮忙。那问题就解决了。

因此，自主导向型的人往往能够区分自己的观点和重要的他人的观点，有自己的想法和标准，并且能够找到自己的方向。这样，在遇到矛盾和冲突的时候，他们思考的空间也更大，更容易快速地找到解决方案，不至于反复纠结。

所以说，自主导向型的人，内耗的程度是比较低的。

这样的人，在积累足够的职场经验、资源之后，也就容易成长为成熟的企业高管。

听起来自主导向型已经是一种相当成熟的心智模式了。那这种类型的人有没有可提升的地方呢？也是有的。

自主导向型的人最主要的不足，是他们的系统很严密和牢固，不容易接受超出自己决策系统以外的事物和认知。有些时候，他们会反过来被自己创造的系统所限制。

因此，对自主导向型的人而言，最大的挑战是环境的快速、颠覆式的变化。

比如，一些在大公司干得很好的管理层，跳槽到小型公司，或者自己创业。他们的经验甚至思维系统已经被大公司庞大的框架同化了，但是创业公司要突出重围，往往要做的是打破原先的条条框框，甚至整个系统都要打破重建，这也是他们痛苦的根源。

这类人需要真正开放地接纳更多的想法，包括与他们理念相左的理论与实践，不断提升自己的视野和格局，完善自己的"系统"，甚至在必要的时候敢于颠覆自己的系统。

尤其是我们现在能明显地感受到，许多事物的发展和革新都越来越快。自我更新，甚至自我颠覆的能力就越来越重要。

现在，我们可以引申到最后一种心智模式：**内观自变型**（self-transforming mind）

从字面上看，内观，就是向内观察；自变，就是自主变通。

内观自变型的人，有着最强的自主性和灵活性。他们同样有自己稳定的自主系统，又不容易被这套系统限制，而是能够广泛地理解、吸纳他人的观点，而且不断用这些观点迭代自己的思维系统，从而变得更广博、更具包容性。

他们可以看到万事本相连，互为因果，有能力从不同角度观察、分析一件事，看到不同观点中可能有的共识。他们随时随地都在努力成长，时常质疑自己的预设，学习去了解和处理更复杂的事情。

内观自变型的人如果从大公司跳槽到小型公司，或者自己创业，就不会遇到像自主导向型的人那种难以适应的问题，因为他们敢于"清零"，敢于质疑甚至颠覆之前形成的成熟系统，以开放的心态直面挑战，不断学习和成长。

这种类型的人在职场中常常能够灵活地应对各种各样的场景和人，而且会随遇而安，将万事万物都当作自己成长的源泉。

这样的人，自然也很少内耗。

以上就是职场中的四种心智模式。心智模式越发展，就越能多层次、多维度地思考和处理问题，也越能灵活应对各种各样的情况。

最后，关于心智模式，我还有几点要强调。

第一点，心智模式的分类并不是绝对化的标签。 有些人可能处在两个心智模式的中间地带，表现出不同心智模式的特征，也可能兼具好几种心智模式的特点，这都是很正常的。尤其是在从一个阶段成长到另一个阶段的过程中，往往会体现出两者兼有的状态，比如，有些以我为尊型的人，可能会在某个强势领导的管理下呈现出社会规范型的状态，但在下属面前仍然呈现出以我为尊型的状态。

要判断一个人的心智模式，也不能通过单一的行为。因为不同的心智模式也可能表现为相同的行为，但其底层逻辑是不同的。比如说与同事发生矛盾，一个以我为尊型的人和一个自主导向型的人都可能选择直接反驳回去，只不过以我为尊型的人可能纯粹是因为情绪问题而选择反击，而自主导向型的人可能是希望树立强硬的形象，从而在以后的合作中获取更多的收益。自主导向型的人也有可能表现出类似以我为尊型或社会规范型心智模式的一些行为，但这些行为往往是他们经由自主决策系统做出的。

第二点，心智模式的发展程度和职场的职级或者薪资没有绝对的正相关关系。 我分享这个模型的时候，总有同学跟我说"我觉得我的心智模式比我上级成熟"，这也是很常见的。

职业发展，受到每个人的主观意愿、能力等客观条件、经历、机遇，甚至运气等多方因素的影响。因此，上级的心智模式未必就比下级成熟。

就算是同一个人，飞黄腾达时的心智模式也不一定比穷困潦倒时成熟，有时恰恰相反，逆境反而锻炼一个人的心智模式。宋代的苏轼，少年得志，很年轻就做了大官，心高气傲。后来遭人算计，差点丧命，虽逃过一劫，但不断被贬，越贬越偏远。然而，他的心智模式越来越成熟，文学成就越来越高。

因此我们提高心智模式，只跟自己比。在相同的境遇中，拥有更为成熟的心智模式，往往能够获得更快的成长，即便应对逆境，也会展现出更好的处理方式。

第三点，心智模式是可以成长的，而职场是很好的心智成长场域。

心智模式可以通过学习等许多方式成长，而最有效的方式是职场的实践，因为立竿见影，效果明显。

通用电气原总裁杰克·韦尔奇一开始的心智模式是以我为尊型，多年的职场磨炼让他一步一步地成长为内观自变型。

我在许多场合听过杰克·韦尔奇的传奇经历。最让我震撼的，不是他用二十年的时间把通用电气的市值从140亿美元做到了4900亿美元，而是他的"变化"。杰克·韦尔奇常常与一线工人们接触，去流水线上听取大家的意见。他说，真正的自信是有勇气敢开心扉去欢迎新的变化和想法，不论它们来自何方。听到这些故事，你们能想象这样一位"察纳雅言"的CEO（首席执行官）曾经非常"自负"吗？斯坦福大学心理学教授卡罗尔·德韦克在《终身成长》一书中，写到了杰克·韦尔奇的"成长"。

在杰克·韦尔奇的自传里，有一章叫"唯我独尊"，其实也可以直接翻译成"以我为尊"。这一章讲述了他曾经因为过分自大而犯下错误,令公司损失上亿元。

1971 年,当时通用电气人力资源部负责人给即将升职的韦尔奇写了一份评语:尽管他有很多优点,但他这一任具有比以往更大的风险。韦尔奇非常自负,不能接受批评,过分依靠自己的天赋,而不是努力地和知识丰富的同事们合作。

就是这样一个曾被人力资源部负责人认定为"非常自负"的韦尔奇,风云变幻、纷纭复杂的职场,让他完成了从"以我为尊"到"内观自变"的蜕变。多年后,当他在自传中回首自己辉煌的职业生涯时,他却谦逊地写道:"我人生中几乎所有事都是和别人一起完成的……请记住,你在书中看到的'我',指的都是我所有的同事和朋友,以及一些可能被我漏掉的人。"

在相信我们自己能够实现心智成长的同时,也要打破其他人"不可改变"的固有观念。因为成长是需要时间的。

接下来,我会带你更深入地定位自身的心智模式,并且看看在当前心智发展的状态下,如何扬长避短,带来更好的发展。

第二讲
心智评估：定位自己的心智模式与职场优势

通过第一讲的学习，相信你对于自己的心智模式已经有了一个大致的了解。为了便于你更好地定位自己和他人的心智模式，我再从四个维度更详细地梳理四种心智模式的典型表现，对比它们的差异。

● 心智模式的四个判断维度

第一个维度是内在动力，就是在工作和社会中最在乎什么。

以我为尊型的人，动力是"自己爽"。有钱、有闲、出成果都可能是"爽点"，虽然这其中的"爽点"会因人而异，但究其本质，这类人只想做自己乐意做的事，对于别的事都看不上。

社会规范型的人，动力是"外部肯定"。他们特别在意其他人，尤其是权威的肯定和喜欢。

自主导向型的人，动力是"个人价值和成就"。和以我为尊型的人不一样，他们为了达成个人价值，也能接受做一些让自己"不爽"的事。

内观自变型的人，除个人的价值实现之外还有更丰富的动力源，比如个人成长、社会价值等。也正是由于有多维度的动力源，他们就不太容易因为某个"发动机""熄火"而陷入内耗中。

第二个维度是决策方式，就是处理事情、面对选择的方式。

以我为尊型的人和社会规范型的人的决策方式，像是两个极端。前者很"专制"，自己怎么想就怎么做，不管别人，也很少管规矩；后者特别守规矩、听话，很多时候显得"耳根子软""没主见"。

自主导向型的人做决策的时候，就比较有原则、有章法，思路清晰，能多方权衡。不过有时候，因为这类人自己的逻辑很稳固，所以遇到一些颠覆自己认知的观点，他们是比较难接受的。他们会愿意"聆听"，但有时候会出现"伪聆听"，比如，他们可能会只听到对自己有利的，或支持自己观点的部分。

内观自变型的人做决策的时候也是思路清晰的，不过和自主导向型的人不一样，这类人不仅很愿意"打开自己"，完全开放地倾听、吸收，而且还敢于颠覆过去，清零重来。

第三个维度是人际风格，就是人际交往时展现出的特点。

在人际风格方面，以我为尊型的人和社会规范型的人对比也很鲜明。前者对他人不管不顾，常常不受欢迎；后者则过分追求合群，甚至容易有"讨好"的倾向，经常为了让别人"舒服"，或因为害怕拒绝，而苦了自己。

自主导向型的人，更多是在平等尊重的前提下追求互利。如果能与他人相互提供价值是最好的，即使合作不了也没关系，维持一个基本的友好关系，日后或许也用得上。如果遇到双方意见不合，他们往往会渴望说服对方接受自己的观点。面对自己不喜欢的人或令人恼怒的事，为了达到自己的目的，他们有时也愿意压制住情绪，只会在心里抱怨。

内观自变型的人，在人际中似乎很少有"不舒服"的时候。他们会很珍惜每个人的个性和特点，愿意从所有人身上学习。即使他们坐到了较高的位置，他们也依然能"放下身段"，听取采纳其他人的意见，哪怕是那些级别上比他们低很多的人。

第四个维度是情绪风格，就是容易感受到什么情绪影响、怎么处理情绪。

以我为尊型的人容易愤怒，有时候仅仅是因为事情不按照自己的想法来就会生气。而且，这类人情绪不佳就会当场发泄出来。

社会规范型的人，一方面容易感到焦虑和恐惧，怕犯错被批评，怕被讨厌，也怕不可控；另一方面，容易"左右为难"，出现矛盾时，不知道怎么处理，只能在内心打架。而且社会规范型的人遇到负面情绪，一般选择隐忍，不想给别人传递所谓的"负能量"。尤其是职场又是特别强调情绪稳定的场域，那他们更是只能打碎了牙往肚子里咽，让自己受到二次伤害。

自主导向型的人也会有负面情绪——焦虑、愤怒等。但是通常来讲，心智模式发展到了自主导向型，就能比较好地觉察到情绪的存在和影响，并且能主动控制，避免让一时的情绪影响自己的判断。

内观自变型的人，他们不仅容易控制自己的情绪，还会更多地去觉察情绪，理解情绪背后的含义，并且把情绪传达的信息利用起来。比如焦虑的时候，他们会知道："这是在提醒我未来的风险，那我再去做一些准备。"或者他们能够接受失败，他们也可以从中学习，这样，他们的焦虑就会少很多。

为了帮助你清晰地定位自己的心智模式，我将以上描述列表如下。

心智模式的四个判断维度

心智模式/维度	内在动力	决策方式	人际风格	情绪风格
以我为尊	自我满足	自我中心，"专制"	不在意他人	容易愤怒、不爽，很少控制情绪
社会规范	外部肯定	守规矩，有时显得"没主见"	追求合群，为了别人而委屈自己	容易焦虑、恐惧、纠结，习惯"忍受"情绪
自主导向	个人价值和成就	有自己的原则章法，但有时显得"固执"	平等互利，相互尊重	会有负面情绪，但能主动控制
内观自变	个人价值、社会价值	思路清晰且心胸宽广、接纳意见	珍惜每个个体的独特性	能控制负面情绪，并且利用情绪传达的信息

● 不同心智模式的职业优势

最好的情况是每个人都能够提升自己的心智模式，但因每个人的认知程度不一样，实现自我提升的速度和难度也会不同。如果当下的你刚刚觉察到自己心智模式的优缺点，那么通过本次学习，你也能降低内耗，并且找到自己的优势。而关于如何充分地运用好自身优势，这其中的关键是找对与自己的心智模式相匹配的"成长环境"。所谓成长环境，一是关乎"事"，比如身份职责，也就是你在家庭、职场、社会中所担任的角色；二是关乎"人"，也就是围绕在你身边的家人、朋友、同事、领导、合作伙伴等。

我们来看看在当前心智发展的状态下，如何找到更适合自己的"事"，扬长避短，获得更好的发展。至于和"人"打交道的部分，我们放到后面讲。

先说说以我为尊型的人。他们以自我为中心，只关注自己想要什么，不太在意别人的想法、评价和情绪，讨厌规则的束缚。

在东亚的传统观念里，这样的人可能会被贴上"不受欢迎"的标签。其实，他们具有一个很大的优势：容易专注、心无旁骛。如果事情符合他们的兴趣或者利益，他们往往能够较为投入、有激情地去完成。过程中，正因为他们不那么在意别人的评价，所以，他们往往也不会因为旁人的意见而变得摇摆不定。

比如，一个以我为尊型的科研人员，他的目标就是在顶级刊物上发表论文，那他就一直朝着这个目标前进，用心钻研。他不在乎自己拿多少工资，更不在乎上级认不认可自己，完全不会想讨好任何人。像美剧《生活大爆炸》里的谢尔顿，他就喜欢搞科研，人际能力上可谓一塌糊涂，但他并不在意。他确实够聪明，也够努力，因此他在学术上能够达到一定的高度。

不过，他们的"专注"优势的发挥，是有诸多前提条件的。

一是他们要能找到自己真正喜欢且相当擅长的事，这两个条件缺一不可。因为真正喜欢，他们才能专注；因为相当擅长，他们才能够让别人愿意忍受他们其他方面的不足。好比一些餐厅，从老板到服务员都对客人态度冷淡，菜也没几个可选项，用餐时间还有限制，却门庭若市，经常排着长队，那必然是味道非常好，或者性价比极高。

二是他们所处的环境最好是用结果、用实力说话，而不那么考虑人际关系的。比如说有些公司的销售部门，只看员工的销售业绩，哪怕他在别人眼中性格不讨喜，人缘也不好，但他能给公司赚钱，大家也无话可说。

三是能遇到心胸开阔的上级，这样他们才容易在工作场合"混得开"。不过这样的好上级通常是内观自变型的人，遇到的概率是比较低的。

而如果是在心智模式暂时还未实现成长的情况下，较少与人打交道的工作会比较适合以我为尊型的人，比如研究者、自媒体、艺术家、独立创作者这类职业，或是不涉及过多管理与协作的专家岗或销售岗工作。

还有一类，就是自主创业。专注的特点让他们在艰难的创业环境中能够排除掉各种杂音，坚持下来。我听过一些人评价这样的创业者说："好在他自己单干了，不然哪个领导容得下这种性格的下属啊？"如果需要协同多方资源，或是企业发展到了一定规模之后，创业者也必须进行心智模式的进阶。

再说说社会规范型的人。他们守规矩、合群、害怕被批评、害怕失控。因此，这类人最容易内耗。不过，他们的总体工作表现是好的。他们表现出来的核心优势在于靠谱、忠诚、响应度高。尤其是流程规范很明确的大公司或者岗位，比较适合这种能干活、话不多的员工。一些不需要太多革新，不需要员工过多的个人见解，只要按照流程按部就班地把事情做好的工作也很合适。

社会规范型的人，在一些情况下，甚至比自主导向型的人更容易受提拔、被培养。因为，自主导向型的人日常一般会显得比较有主见、目标明确，有些上级就会担心这样的员工不够忠诚，觉得"你是不是在我这儿学完东西就跑了"。对于社会规范型的人，上级一般就没有这种顾虑，会觉得我培养你、提拔你，你会长期为我服务的。

社会规范型的人还有一个核心优势，就是谨慎，不容易犯错。

分享一个真人真事。一位长辈在一家企业工作，企业有规定，可以收客户的礼物，但不能超过500元。

有一次他带着下属去外地出差，下属收了几盒客户送的小龙虾，想着小龙虾贵不到哪儿去。后来到火车站了，等车的时候他偶然看到小龙虾的价目表，发现不对，600元，违反规定了！

他立即让下属赶紧给客户退回去。下属说："就超了100元，没必要吧。"他听到下属这么说，不但坚持要退，而且还担心下属不重视这事，并说："如果你嫌麻烦，那我来退。"

后来，这个企业发生了非常复杂的人事斗争，有些人就是因为一点小的纰漏和违规，被罚款甚至劝退了。而这位长辈，因为这样的处事作风，最后平稳过渡，"安全着陆"。

这个例子有点极端了。常见的社会规范型员工一般都比较靠谱、严谨。因此，他们在做基础岗、执行岗的时候会很受认可，因为他们靠谱、执行力强、能力也够，在同事之间有口皆碑，虽然自己会特别累，但工作表现是好的，自然而然就会晋升，比如升至小组长，或者一个小部门的主管。

不过，随着晋升，原先的优势也会变成局限。因为晋升之后，要处理的事情变得更多了。但是，社会规范型的人又不太敢管人，怕下属不舒服，最后老是自己当"救火队长"，到处"灭火"，还灭不过来，不仅自己身心俱疲，而且团队工作也完不成。因此，如果进阶到管理岗，多半还是需要往自主导向型发展。

再分析自主导向型的人。这种类型的人优势已经非常明显，绝大部分的岗位类型他们都能够适应，他们表现出比较好的判断力，也更坚定。他们的一个核心优势在于，会通过自己过往的经验不断地去完善自己的决策系统，这个时候所有的经验都是给他们加分的。

我身边就有一位特别优秀的自主导向型的高管，他现已是某一个世界500强企业亚太区的负责人。他从大学毕业开始就在这个领域，干到五六十岁，已经成为行业内一个大佬级的人物，虽然他不是我们通常所说的"名人"，但是在这个细分行业内，大家都知道他，很多人都会去向他请教，问题涉及行情分析、销售等各个环节。他退休之后，该领域的不少企业都以高薪请他出山或当顾问，因为他专业能力极强，常常一看就知道问题出在哪儿。他曾经跟我说，在传统行业做久了，其实也有过想变动的念头，他四十多岁的时候，差点就转行了，当时，他身边有不少人转行去做投资了，但他综合分析了自己的个性，还是觉得深耕一个领域最适合自己。

因此，对自主导向型的人来说，最重要的是选对领域，持续深耕，在一家企业或一个行业从基层开始往上攀升。我们之前讲到以我为尊型的人比较容易专注，如果深耕一个领域，也会卓有成效。不过，相似情况下，以我为尊型的人一般更适合专家岗，而自主导向型的人能够处理更复杂的人和事，更适合往管理方向发展。自主导向型的人在一家企业或是行业待得足够久，其思维逻辑系统往往就能够特别适应所在的环境，清楚所谓的"本质规律"和"底层逻辑"。

对于自主导向型的人，有一种类型的职业要谨慎选择，那就是做颠覆性的尝试，比如大跨度的转行，或是从成熟企业跳到初创企业。

比较好的情况是，这个自主导向型的人能力比较强，或者运气比较好，原先的系统刚好能迁移或者套用到新环境中，这样就能快一些适应新工作。

也有一种情况，系统失灵，原先那套模式完全用不上了。这个时候再要适应，往往就很痛苦。像我前面提到的那位高管，他的成功也和所在行业有关，这个细分领域本身比较成熟。他自己也认为，如果他换一个行业，很可能就没有这样的优势了。

最后，我们来讲内观自变型的人。这种人乐于接纳新事物，吸收外界的意见来自我更新，也不容易受情绪影响。因此，这类人的选择空间就特别大。

我有些时候也会鼓励具有内观自变特质的人去主动尝试一些变化快、挑战大的工作，敢于坚持内心的追求，不害怕"从零开始"。

关于内观自变型的人，我想给你讲个小故事。很多年前，一个三十多岁的小镇青年拖家带口地来到上海打拼。为了养家糊口，他需要先做一些能挣钱但自己不喜欢的事，但他心里一直有个梦想，就是成为大学老师。在繁忙的工作中，他抽空复习考博，经常要奋战到深夜，累了就用冷水洗把脸继续看书，但因为他报考的上海财经大学竞争太激烈了，他三次都落榜了，第四次才考上，他又锲而不舍连续奋战了三年，最后，终于拿下博士学位，这个时候，他已经是四十六岁"高龄"了。这就是我父亲的真实经历。

他经常调侃自己，他一个"60后"，和一群"80后"竞争，结果从"汤叔叔"变成了"汤师弟"。

当然，这么大年纪才进入高校，挑战超乎想象。因为他清楚自己在学术论文上不如别人，所以，他就换了个方式，现在我们叫"差异化竞争"。

他竭尽全力、反复地打磨自己的课，像雕琢艺术品一样，让每一堂课都尽可能有趣、有料。

他特别强的一点是善于倾听和内化他人的观点。他特别喜欢跟包括我在内的学生聊天，想知道学生们都在关心什么呀，听了自己的课觉得有哪些收获、哪些内容太枯燥了……他非常广泛地听取意见。

这其实也是内观自变型的人的优势，就是不太会"端着"，能放下身段，非常珍惜其他人独特的想法和意见。

他一直说自己算不上聪明，他觉得自己最大的优点是知道自己要什么，并敢于持之以恒地追求，很少对自己说"这不可能"，他是一个敢于颠覆自己、敢于清零重启的人。他常常跟我说:"只要想做,永远不会晚。"我在他身上看到了许多"内观自变"的特征。

可能是受父亲的影响,我放弃了一份许多人羡慕的投资工作,来到了泛心理创业企业 KnowYourself,敢于一切从头开始。

当我们成为内观自变型的人时,我们会发现,世间的苦、乐、阻碍都是我们成长的源泉。

我把我父亲送给我的一句话送给你:"你翻越过的险峰,终将成为保护你的屏障。"

第三讲
心智适配：不同心智模式者间的交互与影响

前面我们主要讲了不同的心智模式和岗位之间的适配关系。这一讲里，我会介绍不同心智模式的人之间是如何交互的，带你一起看看心智模式在职场人际关系中是如何发挥作用的。

著名心理学家阿德勒说："所有烦恼都来自人际关系。"或许有夸张的成分，但这也确实说明了，人际关系对一个人的心理状态影响重大。

中华文化非常重视人际关系的处理。父亲和我合著的《生活的平衡之道：孔子思想与关系管理》一书中写到为什么中国人讲"小隐隐于野，中隐隐于市，大隐隐于朝"：隐居深山老林，甘于贫穷清静，只与鸟兽为伴，不会受到人际关系的烦扰，不可控因素少，相对容易；身居繁华闹市，面对各种诱惑，受到各种人际关系的干扰，内心不为所动，需要强大定力，很不容易；身处政坛，明争暗斗，风云变幻，人际关系复杂险恶，心如在宁静幽深的山野，不可控因素多，非常艰难。要在人际关系复杂的地方

"隐"，实属不易。

● 容易出现问题的心智模式配对

因为心智模式有四种类型，相应的配对关系就会有很多，我会重点展开讲四种特别容易出现问题、带来内耗的配对类型。

以我为尊型与以我为尊型

第一种是以我为尊型碰上以我为尊型。用一个词来形容就是"势如水火"。双方都觉得自己是对的，而对方"没本事还自大"。

我在做教练的时候遇到过这种组合，两个人分别来找我，一开头就说了一模一样的话："看到那个傻×就不爽！"

以我为尊型与社会规范型

第二种是以我为尊型碰上社会规范型。这一种配对类型的状态我总结为"PUA（精神操控）预警"。一个特别自我，而且情绪上来了什么难听的话都说；另一个很听话，容易被他人的观点和评价所影响，甚至产生自我怀疑。

哪怕这个社会规范型的人是上级，以我为尊型的人是下级，也是这样。社会规范型的上级提一个什么要求，以我为尊型的下级不服，直接反驳回去，然后，这个社会规范型的上级便开始内耗，一方面觉得下属确实有问题，一方面又自我怀疑"是不是我的管理能力不行"。

他们还会纠结，"要不把他开了吧，这么难管"，但是又觉得把人开了不善良，还怕被贴上"不会管人"的标签。

以我为尊型与自主导向型

第三种是以我为尊型碰上自主导向型。在许多案例中以我为尊型的人多次成为矛盾方的主要原因是这类人不太考虑他人，自然在人际关系上容易出现问题。

以我为尊型的人和自主导向型的人有一个共同点，他们都很坚持自己的想法。区别在于以我为尊型的人容易"盲目自信"，而自主导向型的人会基于更全面的视角、意见以及自身经验，用自己的自主决策系统来进行判断。

他们之间的矛盾，主要发生在两个人观点和工作方式很不一致的时候。

因为双方都觉得自己对、对方错。这个时候，以我为尊型的人会不服："凭什么我要听你的？"而自主导向型的人则会感到心累，感觉："我道理都讲得这么清楚了，你怎么还不能理解？你怎么就是不听？"

一旦他们出现矛盾，又无法给对方好处，合作关系也往往很快就会一拍两散。

社会规范型与社会规范型

第四种容易出现问题的配对类型，是社会规范型与社会规范型。这同一种类型的人在一起，容易出现的问题我称为"惺惺相惜，互拖后腿"。

一般来讲，没有特别大的工作挑战和压力的时候，社会规范型的人和社会规范型的人在一起还是比较和谐的，"岁月静好"便是他们的写照，因为他们本身都比较友善，也往往会真心欣赏对方，而且大家行动一致、相互体谅、互帮互助。因此，我说他们"惺惺相惜"。

"互拖后腿"会出现在什么时候？需要有人做决策的时候。如果一件事没有明确的规章制度，也没有一个级别更高、更强势的决策者说"就这么做"，那两个社会规范型的人便会不知所措，他们会把各种零散的顾虑、好处都摊开来，然后事情会一再拖延，无法取得进展。

其他心智模式的交互匹配

相信你也发现了，心智发展相对不成熟的类型，会更容易导致人际关系中的问题。不过这里有个比较特殊的情况，就是自主导向型的人和自主导向型的人在一起，也可能会爆发激烈的冲突，因为他们都有自己的比较缜密的思维系统，而且都能够自圆其说，价值观也相对比较稳固，不容易受到外界的影响，因此，当两个自主导向型的人在一起，其思维系统或价值感不相容的时候，就容易产生冲突。不过，他们虽然会为各自的见解据理力争，但是在辩论一番之后，又可以回归平静，大部分情况下都可以做到对事不对人。

内观自变型的心智模式在人际关系中的优势十分明显，他们能够自如地应对所有心智模式的人。前面说的"中隐隐于市，大隐隐于朝"者，就大都是这种类型的人。我在他们之中看到一种"慈悲"："慈"是将自己的正能量传递出去，去帮助他人，给他人创造价值；"悲"是遇到对自己不好的人，他们可以做到心生悲悯。这种慈悲是我们每个人都可以学习的。当我们遇到一些人莫名其妙地伤害我们，毫无来由地攻击我们时，其实，我们可以尝试去"悲悯"，因为既然这种伤害和攻击"莫名其妙""毫无来由"，那么，大概率这不是我们的错，有可能只是因为某种刺激勾起了对方过往的创伤经历。

张爱玲曾对胡兰成说："因为懂得，所以慈悲。"或许正是因为她懂得他何以成了现在这样的人，懂得他为什么要做那些事，所以，即便在感情中被他伤害，她也终究能够与他、与自己和解。我在做心理教练的过程中遇到过很多在亲密关系中受伤后来找我求助的人，大部分情况下，当他们了解到对方曾经受过什么样的痛苦，尤其是在原生家庭中是如何开启了自我保护机制时，他们就能够理解为什么对方会有那些令人费解的行为，而理解往往就能带来和解。

当然，如果可以选择进入好的交互模式，这是最理想的。比如，内观自变型的人和自主导向型的人就可以相互学习、相互挑战、共同成长，当目标一致的时候，可以成为相互信任的战友。中国历史上许多令后人称道的关系，都是两个拥有成熟心智模式的人之间的交互。比如李世民和魏徵，一个内观自变，一个自主导向，一个包容开放、礼贤下士，一个专注目标、不偏不倚，成就了一段君臣佳话。

不同心智模式之间的交互，我总结在下图中：

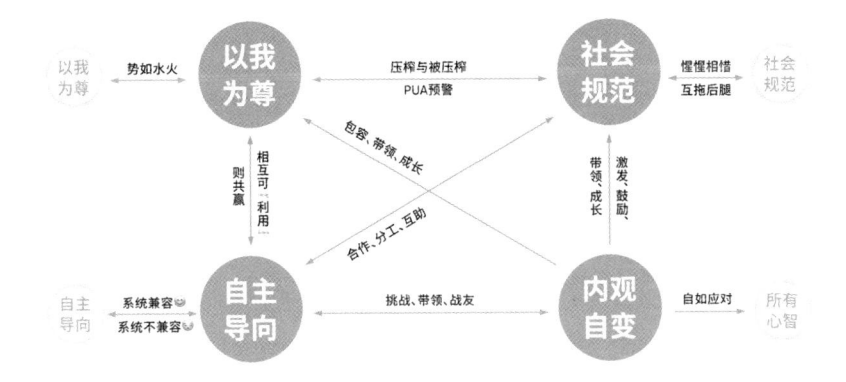

遇到不同心智模式的人，怎么打交道

如果我们遇到了一些心智模式的人，让自己十分难受，关系也不好处理，应该怎么办？

最容易想到的路，可能是"跑路"，躲开就好了。但是听起来简单，做起来难，毕竟有些人我们很难选择完全不打交道。

另一条路，就是自我心智模式的主动发展和提升。不过这个办法没法立竿见影，我们后面会花很多篇幅来帮助你理解如何发展和提升心智。

还有一条路，就是先针对性地了解一些与不同心智模式的人打交道的方法，先学一些能让自己不那么难受的"战术"。

而且，我们的重点会放在怎么跟不同上级打交道上。为什么呢？

因为上级确实更加影响一个人的工作体验。在做这个课程之前，我们访谈了多位HRD（资深人力资源总监），得到的反馈是绝大部分员工离职是因为直属上级。很多人会说：上级不认可我，上级打压我，上级总是变来变去……毕竟在分项目、做考核、定目标、看晋升的时候，上级的决定权和影响力比一般同事多得多。如果是和一般同事有不愉快，那避着点还是有可能的，但是直属上级，你想避开就比较困难。

我们还是从以我为尊型的上级开始。

怎样和以我为尊型的上级打交道？

以我为尊型的上级是最不好相处的。有不少员工离职就是因为有个以我为尊型心智模式的直属上级。

假如你出于各种各样的原因，不得不与以我为尊型的上级共同工作一段时间，那么最重要的是要学会保护自己，严格按照上级的想法来做，少提建议，尤其是不要提与他想法相左的建议。这不代表你就是在当一个"狗腿"，而纯粹是为了让自己好受一点。

举个例子。上级老王在听你汇报，还没听完就发了一顿火。他说："这么重要的事你都没考虑进去，你在汇报什么！"但你发现，其实是他理解错了，而且他说你没考虑到的问题，在你后面的报告中都有。这个时候怎么处理比较好呢？

一般我们心里肯定会犯嘀咕，想解释。

但如果对方确实是以我为尊型的心智模式，尤其是在气头上，那解释无异于火上浇油。

对待以我为尊型的上级，用一句流行的职场黑话说，就是"毛要顺着撸"。先别急着解释，先回去，调整一下下次汇报的策略，有两个原则。

第一，直接说结论。因为这类上级往往都没什么耐心，一定不要说多余的话。

第二，严格与他们保持一致。尤其是他们明确表示过的内容，要完全一致。比如老王说要ABC，你深思熟虑，觉得C不行要调成D，我的建议是你先不要更换。因为他在看到D的时候，可能不会给你解释的机会。那多给一些方案行吗？比如说给他ABCDEF。我的建议是也不要这样做。这时候他未必觉得你优秀，也可能觉得你多此一举。

可能有人会觉得，这样做也太奉承上级了。实际上，这更多是一种自我保护的方式，短期有用，但长期对一个人的成长肯定是不利的。因此，长期来看，对于以我为尊型的上级，还是尽量找机会避开比较好。

不过，要提醒大家的是，实际情况中，大部分上级之所以能坐上管理者的位置，往往是因为他们的心智模式都不是单纯和绝对的以我为尊型。

曹操，人们常说他刚愎自用。其实他有自己的决策体系。比如曹操的决策逻辑就是"结果导向"：只要你有用，能给我做出成果，无论你是哪个阵营的、人品好不好、用什么方法，我都无所谓。再加上曹操自己确实有本事，因此，虽然他让下属有"如履薄冰"之感，但还是有不少人认为他值得追随。

对这一类的上级，如果能获得他的欣赏，让他觉得你"有用"，往往能够获得更快的发展。当然，这样的人是不好相处的。不过，反过来看，如果你有能力与不好相处的上级相处，这本身就是一种核心竞争力了。他们往往不太轻易信任一个人，然而一旦你获得了他们的信任，也就会有比较高的不可取代性。

比如，曹操非常欣赏郭嘉，但郭嘉口碑不太好，有人就跟曹操说，郭嘉无德。但曹操完全不在意这些评价，一直重用郭嘉。

我们看看，郭嘉厉害在哪儿？

第一，靠一场一场胜仗，用硬实力说话。

第二，非常清楚曹操的思考方式，简单直接。

第三，考虑问题周全，激进的同时不忘分析风险。

第一点不赘述了，比较好理解。第二点是特别重要的。因为带有以我为尊型特点的上级大都比较多疑，所以，你跟他们把项目吹得天花乱坠的时候，他们反而会想：靠谱吗？

在郭嘉给曹操出谋划策的时候，有好几次遇到曹操想打又有些犹豫的情况，都是郭嘉打消了他的顾虑。比如，曹操想要亲征刘备，但很多人劝曹操说，万一袁绍乘虚而入，那就惨了。这个时候郭嘉十分确信地指出"风险有是有，但是可控"，因为袁绍做事迟缓多疑，决断力差，没那么快出兵，可以先闪电破刘，然后赶紧回去对付袁绍。曹操采纳了郭嘉的建议，结局果然如郭嘉所料，袁绍犹犹豫豫错失良机，刘备被曹操打得丢盔弃甲！

对于这种有以我为尊型的特征，但又很有本事的上级，实际上也有说服他的空间。核心在于你要知道对方想要什么，他到底在顾虑什么，而且能够给对方提供他想要的支持，从而获得对方的信任。

郭嘉就是一个非常好的例子。曹操不是多疑吗？那就一定要说风险。有风险，但可控。这一下子就打消了曹操的顾虑。如果你只一味地说"要打要打"，那曹操会怎么想？"我是谁啊，我能不知道这些好处吗？"

当然，追随一位以我为尊型的上级，你不但要给他提供他想要的价值，还得心胸宽广。因为，他即便非常欣赏你，可能也不会太顾及你的感受，想骂就骂。跟他们相处，需要谨小慎微。

怎样和社会规范型的上级打交道？

因为社会规范型的人有靠谱、踏实、执行力强等特点，所以社会规范型的上级身上，这些特征也是很常见的，尤其是基层或者中层管理者。

在他们的团队中，有一个好处是，团队氛围往往比较好，他们会考虑下属的感受。

社会规范型的上级因为会在意多方因素，往往体现为"虑事周全"，所以，他们也会比较容易欣赏虑事周全的下属。遇到社会规范型的上级，可以多学习他的优点，比如虑事周全、勤奋踏实等。

而如果要用一个词形容社会规范型的上级的管理特点，那就是"优柔寡断"。对上对下他都不想辜负，这就可能会加重这位上级的"纠结"和"内耗"，这样的纠结和内耗也会反映到团队当中。最后的结果，很可能是对上对下都辜负。

举个例子。主管小李是个社会规范型的中层干部。总经理给他派了一个任务，小李觉得总经理并没有说清楚，但他又不敢多问。他苦思冥想之下,觉得应该是要做 A,但也有一定概率是要做 B,可再想想呢,应该还是 A 的可能性更大,于是就跟下属说:"你们就做 A。"

过了一周,在某个会议上,因为总经理明确地指出了自己的战略想法,小李恍然大悟:呀!原来上级要的是 B。于是,他回来跟下属说,A 不用做了,大家全部去做 B。下属问他为什么,他也不想让下属觉得自己没问清楚就布置任务,只能含糊地说:"方向有变化,真的辛苦大家了。"

又过一周,他从副总那里听说战略可能要发生变化,如果副总说的是对的,上级那个任务应该是需要完成 C,于是他又只能硬着头皮让下属去做 C,然后各种道歉,请吃饭买奶茶,自己也跟着团队吭哧吭哧加班。最终的结果是,下属觉得,这个项目怎么变来变去的,公司老让他加班;而上级看到的是,你们前面两周都干吗去了,怎么做这么多无用功,效率太低。最后两头都不满意。

如果你是小李的下属,你要怎么办才能尽量避免上级的纠结和多变(可能是被动的)带来的无谓消耗呢?

最好的方法是:问清楚前因后果,再开始做。可以多提自己的想法。如果你觉得上级提出的这个任务方向就有问题,如果你觉得上级其实在派活之前也没有想清楚,你可以提出来。

毕竟社会规范型的上级不容易发火,也比较能够听取意见。这点和以我为尊型的上级很不一样。

当然,怎么才能"问清楚",应该如何思考,并不是一件简单的事。我将会在下一讲跟大家分享如何建立一个具有自主性的思维逻辑系统。学完下一章节，相信大家对这个问题会有进一步的答案。

如果一时间问不清楚怎么办？有时需要一些"战术性拖延"。社会规范型的上级比较体恤下属，在任务不紧急的情况下，他们往往不会逼迫下属。对于并非十万火急的工作，可以不那么着急推进，在慢慢做的同时，确定这是上级想要的，甚至是上级的上级想要的。这样能减轻过度的消耗。

当然，如果他们明确表示了优先级很高，并列明了截止时间，那还是需要按时完成的，不错过截止时间是职场的基本素质。即便如此，也要做好经常会推倒重来的心理准备。

提醒一下，"战术性拖延"的方式，对以我为尊型的上级就不那么适用了。毕竟他们不太考虑下属的感受，自然也不会顾及你的时间和精力。在这样的上级下面工作，你不但难以拖延，甚至有时候即便知道任务不合理也很难推托，因为他们往往固执己见，你的战术性拖延或是拒绝，大概率会导致自己挨骂。

怎样和自主导向型的上级打交道？

自主导向型的上级一般来说会比以上两种上级都要好一些，因为他们既有自己的一套处理问题的思路，也能听取大家的意见。

不过有一个情况在他们身上也比较常见，叫作"伪聆听"，就是他们听意见都是在寻求自己的想法正确的佐证，因此，有时候会断章取义地去听自己想听的。

如果面对这样的上级，我鼓励你多提自己的想法，他们往往会喜欢展现自己的开明，也确实是希望听取意见。

但你不能经常反对他们，并不是说他们以为我尊，不喜欢自己错，而是他们非常信任自己的决策逻辑，当你和他们常常意见不一致，而且决策路径大相径庭的时候，他们可能会觉得你的判断力有问题。

最好是先肯定对方的想法，尤其是肯定对方的思维逻辑。

而认同对方，顺着对方的思路说，是人际交往的一个常见技巧。我们跟同事或者客户沟通时也可以用这种方法。对于以我为尊型和社会规范型的谈话对象，做到"顺着对方说"就够了。

但面对自主导向型的谈话对象，如果只是单纯顺着他，他可能会觉得跟你聊天"没意思"，没什么贡献，你说的他都知道。

因此，你需要在认同他的想法的同时，还能在这个想法上提供一些新的角度，或者一些他不知道的信息，完善他的想法，找一个更优的方案。那他首先会觉得，你们的思路、大方向是一致的，而且你还能替他做一些优化，就会对你比较欣赏。

如果你们的意见确实非常不一样，而且你非常明确自己的意见是更优的，可以提，但也需要技巧。你需要用他的逻辑和系统说服他，要用对方能够认同的方式来展开说明。

举个例子，如果你的上级非常重视拿数据说话，当你们意见不一样的时候，如果你跟他说"我以前在某某大公司的时候做过类似的项目，我们发现用户其实如何如何……"，这种完全基于经验或者感觉的说服方式，就行不通。他大概率会说："你有数据吗？凭什么别的公司做过，我们就要这么做？"这种情况下，有可能行得通的方式，要么是找你们的历史数据，要么是先做一个小的试点，然后做出数据给他看。

能遇到自主导向型的上级其实已经非常幸运了，可以学习他们的决策思路，很多这种类型的上级都愿意跟下属分享自己的经验，对职场新人会有很大帮助，能让职场新人少走很多弯路。如果你是一个社会规范型的下属，要记得：在学习的同时，要不断去思考经验的"适用范围"，但不必将其当成唯一真理。如果你是一个以我为尊型的下属，可以多关注自己能够从中得到什么收获，要警惕被一些"念头"左右（比如觉得"这领导好为人师"）。

怎样和内观自变型的上级打交道？

和内观自变型的上级打交道，不需要技巧。他们能够并且擅长接受、理解他人的观点，愿意接受新鲜事物与想法，珍惜每个人能够带来的启发。和这类人相处的时候，不用害怕暴露自己的缺点，不用担心自己的想法是否不完善或者太幼稚。而且，他们也是很好的学习榜样，你可以观察他们如何自我更新，学习和处理更复杂的事情，灵活地应对各种各样的场景和人。通常来讲，他们有能力也愿意引导和启发你，帮助你发挥优势和成长。

遇到这种上级是很难得的，那是福分，如果遇到了，争取多跟他几年吧。

这一讲，我主要介绍了不同心智模式之间的人际关系问题，包括什么样的心智模式组合容易引发内耗，并介绍了如何与不同心智模式的人打交道。对于打交道的原则，我总结如下。

怎么和不同心智模式的上级打交道

1. 遇到以我为尊型上级

对于"有本事"的以我为尊型上级,要知道对方想要什么,他到底在顾虑什么。而且能够提供他想要的支持,从而获得对方的信任。要心大、能忍。

"没本事"的以我为尊型上级并不多见,如果不幸遇到,最好先执行上级命令,然后尽量避开。

2. 遇到社会规范型上级

先问清楚前因后果,再开始做。实在不行,可以战术性拖延,尽量等上级想清楚或再上一级的指令更明确之后,再投入执行。

3. 遇到自主导向型上级

用和他一样的思考方式,贡献自己的思考和想法,体现出自主性和对工作的主人翁意识(ownership)。如果存在本质分歧,也要用对方的思考方式去说服对方。

4. 遇到内观自变型上级

不用害怕暴露自己的缺点,并珍惜向他们学习的机会。

到这里，帮助理解心智模式的板块就结束了。这三讲主要是为了让你加深对心智模式的理解，并且能够快速在职场当中加以运用。要重点说明的是：心智模式是可以成长的。前面讲到，心智模式的发展，有非常关键的两个部分，一个是提升自主性，另一个是提升灵活性。接下来的内容里，我会围绕如何提升自主性和灵活性展开。

阶段二

发展心智模式：建立自主三角

第四讲
自主系统：把你从混沌中拯救出来

上一个板块中，我侧重讲了对心智模式的理解、定位和运用，强调了心智模式发展的重中之重，是自主性和灵活性的提升。接下来的两大板块，我们来分别围绕"自主性"和"灵活性"的提升进行学习。

我们先从自主性开始。

自主性指的是，一个人在外界影响下，依然能按照自身的意愿做出决定和行动的能力。一个人在职场的自主性高，做事的动力也就很强，不会一直处于被动接活的状态，有自己想去的方向，自然就不会因沿途的阻碍让自己活在内耗之中。

在这个板块中，我会通过下面三个方法帮助你提升自主性。

第一是建立自主系统。它能指导你清晰、高效地思考和行动，不容易陷入混乱。

第二是排除外部干扰。让你的自主系统能更坚定，不受外界影响。

第三是调和系统矛盾。能够看见别人的系统，并且调和不同系统之间的矛盾。很多看似无解的情况，都可以用这个方式找到破局点。

接下来，我来讲讲如何建立"自主系统"。

● 为什么要建立系统

先问大家一个问题：为什么我们在工作中要有"系统"，或者说需要"系统思维"？

先来看个例子。

老板对小 A 说："我打算找博主给我们的线下门店做个推广，你去帮我拟个邀请名单。"

想一想，如果你接到这个任务，你会怎么做？

我们来看看小 A 是怎么做的。

小 A 一个小时之后直接拟了个名单给老板，上面列了些博主的名字，对老板说："我打算邀请这些人来参加，你看行不行？"小 A 这时候还挺志得意满的：我效率真高，一个小时就搞定了。

结果老板看了一眼，说："不太对吧，我是要给咱们新开的门店做推广，你找的这些都不是我们本地的呀，有什么用？"

小 A 又花了两天去找那些本地博主，又列了个名单，再去找老板，心想，这回找的都是本地的，没问题了吧？

结果这回老板还是很不满意，对小 A 说："这些人太贵了吧，我们预算只有一万块，请不起的。你去找报价低的。"

然后小A就去找报价低的，花了两天重新拟了个名单，一边找，心里一边犯嘀咕："总共就一万块钱，能找多少人啊？"

这只是初拟名单，还没到实际去找人的阶段，已经反复三次，一周就过去了。

请你想一想，小A第三次找老板汇报名单，能顺利通过吗？

我想，哪怕你不清楚探店推广要怎么做，大概也能感觉到后面还有很多意想不到的问题，小A大概率还得返工。

这其实就是一个典型的职场新人常有的情况：点状思维。就是只从表面去看任务，接到什么指令就做什么事，很零散。看似执行速度快，但实际上效率不高，吃力不讨好。

小A的例子中，预算、店铺属性、推广目的等，都会对邀请名单造成影响。相关的因素可能还有渠道、地理位置、博主调性等。没有提前做系统性的思考，大概率就是要返工的。

你也可以思考一下，在你自己的工作中有没有出现过类似的情况。拿到一个任务，还没想清楚来龙去脉就开始做了，结果越做发现问题越多。

为了避免这种点状思维带来的时间和情绪的消耗，我们需要建立系统。就是说，我们不是只解决表面上遇到的问题，而是要从整体中看到局部，不仅要看到这个问题在整体中的位置和影响，也要看到事物之间的潜在联系和相互作用。

建立系统有两个明显的好处。

第一个好处是，工作的准确性和效率都会变高，能避免许多无用功。《孙子兵法》说："势如彍弩，节如发机。"射箭时，弓要拉满，箭速才快，这叫"势"。触发扳机要快，如果拖泥带水，弓就白拉开了，势也没了。要把握机会，对准目标，还要控制距离，尽量短近。快、准、狠，这叫"节"。[1] 用在职场环境下，就是说我们准备和思考的时候要像拉弓一样，慢慢来，但执行的时候像弓箭射出的那一下，啪！快准狠！

第二个好处是，能帮助你更好地沉淀经验，并举一反三。因为好的系统是可迁移、可复制的。类似的工作，这次思考过一遍前因后果了，下次就不用重复想一遍。《生活的平衡之道：孔子思想与关系管理》一书中说，我们的生命有限，怎样扩展人生的深度和广度？一个重要的方式就是"举一反三"，孔子说："举一隅不以三隅反，则不复也。"哲学的一个重要特征就是总结、提炼后，能够在生活中实践、举一反三。中华优秀传统文化就是一个好的系统，兵家、儒家、道家、佛家都有各自的哲思系统，这就是系统中的"一"，后世将这个"一"运用到重大决策中，成就了一页页辉煌的历史，而这些历史则继续成了后来者的"案例"，供后人推出中华民族久远且宏伟的图像。如果中华文化只是一些支离破碎的记载而缺乏系统性，那么这些传统智慧就没办法传承数千年。

---

[1] 引述自汤超义：《掌控人生主动权：孙子兵法与人生战略》，上海财经大学出版社，2018，第168-169页。——作者注（如无特殊说明，均为作者注）

● 怎么建立系统

怎么建立系统呢?

给大家介绍一个比较简单、通用的模型——WHW 模型。

WHW,分别是:**why,原因或者说目的**;**how,方法或者说路径**;**what,动作或者说执行细节**。

WHY 原因　　HOW 路径/方法　　WHAT 动作

所有的工作,都离不开这三部分。

我们回到前面小 A 的例子,用 WHW 来做一个拆解。老板布置了一个任务,想要邀请一些博主来探店做推广,让小 A 拟一个名单。

给店铺推广,增加曝光,就是 why,原因或者说目的;请博主探店是 how,方法或者说路径;拟定名单就是 what,动作或者说执行细节。其中最重要的,就是 why。

有一句话,我建议你一定要记住,凡事先想"为什么"(Start with why)。

**Start with why
凡事先想"为什么"**

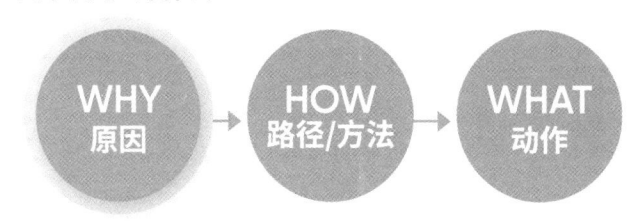

WHY 原因 → HOW 路径/方法 → WHAT 动作

为什么要先想 why？

有三个主要原因。

第一个原因，why 是方向。方向错了，干得越多，错得越多。why 实际上是决定了 how 和 what 的。在以上探店做推广的案例中，给店铺增加曝光是目的，是 why，要达成这个目的，除了请博主探店，有没有别的方法？显然是有的。同样是一万块预算，买广告行不行？做个朋友圈集赞活动行不行？不一定非要找博主。方向比方案更重要，方向定了，方法和具体的执行方案往往更容易获得。

人为什么会陷入困顿？很大一个原因是没有搞清 why——为什么，而是先问 how——该怎么办。这自然就不容易找到解决方法。比如，有客户问我："我和伴侣的关系每况愈下怎么办？"这通常很难回答。如果先问："我为什么要和伴侣保持良好的关系？"思路就清晰多了，客户回答说："因为这样一来我就能在这段关系中变得更舒服。"当这个 why 清晰后，how

就变成了"怎样和伴侣相处能够让自己更舒服?"解决方案就出来了：减少吵架给我带来的内耗，建立更好的边界，给彼此空间，寻求专业的帮助改善相处模式，等等。那我目前最需要解决什么问题（what）？比如，目前最需要的是减少吵架给彼此带来的内耗。怎样减少吵架？又有很多路径可供选择：有些容易产生矛盾但不是非聊不可的话题，可以不谈。或许是我的表述方式容易引起对方的防御，进而引起矛盾，我应该找到适合对方的沟通方式，就像和以我为尊型的人沟通那样，要先"顺毛撸"，先顺着他说。当有一个相对清晰的 why，how、what 就常常水到渠成了。

第二个原因，why 提供了原动力。《孙子兵法》开篇就谈"兵道"。道，就是 why。孙子首先追问："主孰有道？"在这场战争中，君王是否有道？我是"正义之师"吗？将士们血战沙场究竟是为了什么？[1] 最顶尖的军事家都非常善于向队伍传递"why"。像抗美援朝的战场上那一句名言，"打得一拳开，免得百拳来"，就是在向将军们传递我们为什么在如此艰难的情况下还要打抗美援朝战争。在工作中也是如此，当你想清楚你为什么要做这件事时，动力不一样了，你就不仅是执行者，而且是策划者，哪怕你只是在很小的方面贡献了你的想法，对你来说这个项目的意义都会截然不同。其实，许多有影响力的创新就是胜在了细节处的巧思。相反，如果老板说什么我做什么，老板说一说我动一动，很容易陷入无意义感中，不单对工作状态有影响，长此以往还会影响个人的幸福感。

---

[1] 引述自汤超义：《掌控人生主动权：孙子兵法与人生战略》，上海财经大学出版社，2018，第 122–123 页。

忘了先问"为什么",是职场新人最容易出现的问题之一。越被忽视,就越要提醒自己记住。

很多人听到"为什么要做这件事?",第一个想法就是,老板为什么要做,公司为什么要做。在简单的执行工作上,问到这个程度就够了,比如刚才博主探店这个例子。但如果我们同时考虑两个问题:这件事对我的价值是什么,我能从中收获什么。回答完这两个问题,我们的动力和自主性又会提高一个层次。

因此,在工作场景下,我们考虑"为什么"的时候,我鼓励大家至少从两个角度出发:于公的"为什么"和于私的"为什么"。

于公的"为什么",就是上级或者公司为什么要做这件事,想要达成什么目标或者结果。比如提高收入、控制成本、增加用户满意度、提升品牌好感度等等。

问清楚于公的这个"为什么",你的工作就不会出方向性的大问题。

当然,我不是让大家每次接到一个工作任务就耿直地问老板:"为什么让我干这个呀?做这件事有什么用呀?"你可以先思考一下,或者问问有经验的同事,先收集信息,然后找上级确认,比如:"王总,我想确认一下这次找博主探店是为了增加到店人流量,还是为了提升品牌知名度?"你会发现,当你问这个问题的时候,其实不同的"为什么"(why)对应的"怎么做"(how)已经呼之欲出了。

接下来要问第二个why,于私的"为什么",问的是个人层面的获得。就是做这项任务,对你自己有什么帮助,你能有什么收获。

回答好这个问题是提升自主性的关键。

我在本书的阶段一讲自主导向型和内观自变型这两种人的优势时，一个核心的点就在于这两类人特别清楚自己是什么样的，也知道自己要什么。因此，不管做什么选择，他们都能保持坚定、不迷茫。反过来，我们也经常会听到一些同事发出天问："我为什么要工作啊？""我为什么要受上班的苦？"找不到工作对于自己的意义所在，就会觉得工作很累，觉得上班如上坟。

当然，这个 why 也是比较难回答的。

假设我现在问你："你为什么要工作？"你能不能在三秒钟之内有一个特别坚定的回答？有可能一时间回答不出来，或者能想到的也是一些很笼统的答案，比如"挣钱""为社会做贡献"，可能你自己都对这些答案有些怀疑。这很正常，因为这个问题确实不简单。作为 WHW 模型中的关键，"为什么"（why）是三个环节中最难回答的问题。

我总结了三个难点。

第一个难点是，很多人压根没意识到要去想这个问题。尤其是如果一个人一直习惯于应试教育、随大流或者被安排，又没有遇到过什么特别大的痛苦，那确实不太会主动去思考工作是为什么，学习是为什么，结婚是为什么……

第二个难点是，它没有参考答案。你只能问自己，你的人生属于你自己。别人想要追求的人生，本质上与你无关。

第三个难点是，这个问题本身有点"大"。

我在做心理教练的时候，常常有客户问我：我每天过着这种"社畜"的生活到底是为了什么？有什么意义？这个问题往往都会引向长期的探索。

● 自主三角模型

我们要如何回答"为什么"这个问题呢？借用教练技术的底层逻辑，我总结了一个"自主三角模型"。想清楚这个自主三角，你就可以回答你自己的"why"，再去通过"why"来指导自己的行动。也就是说，自主三角的作用是帮助我们更好地回答"why"这个问题。

自主三角由三个部分组成：愿景引领、身份锚定和价值驱动。

接下来，我们看看如何用自主三角回答"why"。

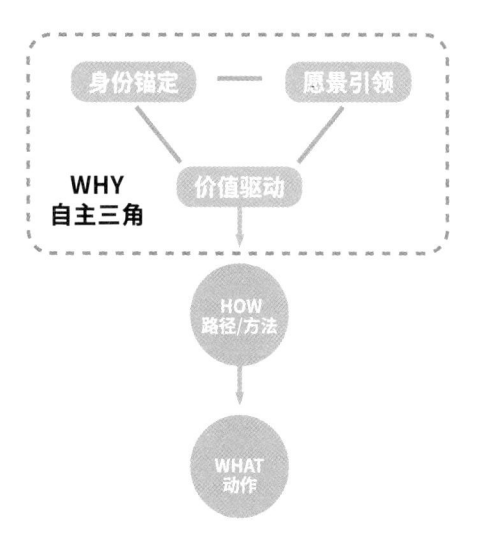

第一个角是"价值"（value）。

我们比较容易想到的价值，常常是实用价值，比如钱财、效率、便利。然而，更深层也更重要的价值，是我们发自内心地认为什么是对的、好的、重要的。

用一辆车做比喻，"价值"就像是发动机，驱动这辆车往前开。因此，在自主三角里，我把它称为"价值驱动"。

顺应个人的价值，就相当于加油门。违背个人的价值，就相当于踩刹车。

我有一个朋友，觉得"真诚"特别重要。但在职业初期，他还是选择了当时觉得来钱最快的工作，成了一名销售人员，而且卖的产品他还不太信，有些时候为了让客户买单，不得不夸大其词和过度包装。他工作的时候就觉得自己在"昧着良心"，特别痛苦，特别不情愿。"来钱快"是这份工作的实用价值所在，但这并不是他本人的核心价值，因此，他会痛苦。于是，后来他还是选择了辞职。

第二个角是"身份"（identity）。

身份，就是"我是谁，我是什么样的人，以及我想成为什么样的人"。

比如：我有哪些优劣势，我的性格怎么样，我在人际关系中表现得怎么样，我有哪些不同的角色，等等。这些共同构成了一个人的身份。

在"身份"这个层面上，需要追求的是清晰性和稳定性，我把它叫作"身份锚定"。一个清晰、稳定的身份，能让一个人不容易受外界评价影响，而且也知道要怎么往合适的方向"发力"。

举个我自己的例子。我不是一个细心的人，比如，一个文件要查错别字、标点、格式什么的，要我做，那多半是效率很低，也容易出错。我也因为类似的事情被领导批评过不仔细。不过，不论领导说得多么严重，情绪多么激动，我都很少因为这样的批评陷入自我怀疑，因为我知道我不是细心的人，细心这个方面对我而言，更多是在于"守住底线，不要出风险"，我并没有想过要把细心变成自己的长处。我很清楚，我的竞争力更多在于其他方面，比如，我擅长沟通协作，这是我的价值，那我就把自己的价值发挥好。既然我清楚自己是辆车，而且想做一辆 F1 赛车，那我就好好想着怎么让自己开得更快，没必要怪自己不会游泳了。

最后一个角，是"愿景"（vision）。

愿景指的是对未来期望和理想状态的清晰、具体和激励性的描述。

比如，微软创始人比尔·盖茨曾为公司提出的一个愿景就是："让每家每户的每张桌面上都有一台个人电脑。"这激励了一批又一批员工为之奋斗。当时，在微软工作是一件颇为令人自豪的事，员工也觉得自己在为这个社会创造价值。这就是激励性。而且，听到这个愿景，脑子里很快就有画面了。这就是清晰、具体。

这也是在"愿景"后面，我还会加上"引领"这两个字的原因。愿景就像是北极星，有北极星挂在天上，船不管往哪儿开都不会迷路。

愿景引领、身份锚定、价值驱动共同组成了自主三角。任何一件事你都可以从这三个层面出发，去挖掘"why"。

价值层面，问自己：这件事为什么重要？我要追求什么？我要实现什

么？做这件事对我有什么价值？

身份层面，问自己：为什么是我来做这件事？和我的能力、特质、角色有什么关系？我是谁？我想成为一个什么样的人？这件事是否有助于或是否会阻碍我成为我想成为的人？

愿景层面，问自己：我脑海中对于未来的想象是什么？这件事能帮助我达成未来的理想状态吗？

找到这三个层面的"why"，一件事对你来说才是真正有意义的，才能让你有动力、有满足感，而不是只当一个机器人或者螺丝钉。

我举一个自己真实的例子，希望更好地帮助你理解自主三角是怎么帮助我们找到动力并做出行动的。

一天，我有一个模糊的想法和感觉，想做个副业。

我先让这个"想法"进入自主三角来思考：我为什么要做副业，怎么做副业呢？

先看价值驱动。

为什么做个副业对我来说很重要？

现在的工作我不喜欢，上班如上坟，我觉得很被动、缺乏价值感，我希望能找到一件自己有热情的事，重燃价值感。

我觉得什么有价值？我对什么有热情？想了一圈，我发现自己觉得"助人"这事有价值。看到别人遇到困难，我就特别有动力去做些什么，而且帮助别人之后，哪怕没有回报，我也真的开心和满足。

不过，与此同时，收入对我来说也是很重要的，因此，这件事不能是"烧钱"的兴趣爱好或者单纯"为爱发电"的事，最好还能挣点钱，不然就不可持续。我很赞同我父亲的一句口头禅："开开心心做事，随便赚点小钱。"

再看身份锚定。

我之前做一级市场投资，就是投那些还没上市的成长期企业，主要是在消费领域。当然，我不太喜欢做公司分析，对数字也不是很敏感，但对行业分析稍稍有点兴趣，可能是因为我一直很喜欢社会学。虽然我做得不算差，但坦白地说，在投资这方面，我不是很有天赋。这很正常嘛，如果我对主业既有天赋又有热情，还有赚钱的机会，我做什么副业呢？

但是，比起没有相关背景的人，我有投资背景和行业分析、战略分析的基本功，其实是一个优势。

从职业角度看，我是一个有战略能力且希望创造价值的人。

再看愿景引领。

如果我这个副业做成了，看向未来，最理想的图景是什么？

我想，这个副业会让我越来越喜欢自己，感受到自己的价值和热情，自然也会更热爱生活。我还尝试想象自己把副业做成了之后神采奕奕的样子，等我七老八十了，还能发挥价值，眼里依然有光。基于这个愿景，这件事肯定是要能够长期做的，不能只是吃青春饭，短期赚点钱，这不可持续。而且我有可能成为一个"自由"的人。这样一来，假如有一天我的副业能够支撑我的日常开销，那我就可以不用看老板脸色了。

我特别向往这样一种生活状态。

结合上面的分析，大概就能得出一个做副业的方向，就是做战略顾问。一方面，很多初创企业都需要我的投资背景和行业分析、战略分析的能力；另一方面，当顾问，也是在帮助企业成长，这和我"助人"的价值驱动比较契合。

还有一个额外的好处是，我在通过做顾问了解不同的行业，扩大眼界之后，不就有更多的路径选择了？

这和别人直接对我说"你去做顾问好了"有本质性的差别。因为在自主三角中走了一圈之后，我能感受到这件事符合我的价值取向，符合我的身份锚定，可以让我达成我想要的美好生活状态。想到这些，动力值绝对会"噌噌"地往上升。这就是自主系统的一个明显好处。

然后，就有了一个非常有意思的机缘。我一个认识多年的好友，创立了一家心理学公司，就是KnowYourself。

当时心理学还没有现在这么火，她算是做这个行业做得最早的那批人。做心理学公司能帮助和影响更多的人，这件事就让我眼前一亮了。

而且我本来也比较擅长跟人打交道，我前老板经常夸我情商高，其实，我没有系统性地锻炼过自己的情商，我最大的优势是共情力比较强，能比较敏锐地抓住对方需要什么、顾虑什么。

共情力强这个优势，在我选择做KnowYourself的顾问之前，其实我并没有发现。从这一点也可以看出来，这个自主三角，也是要不断思考、不断完善的。

于是，我找到了我心仪的副业，成了KnowYourself的顾问。后来，仅仅做了几个月顾问的我，就决定正式加入这家公司，全情投入。这个决定，成就了我一次重要的职业转型。因为相比做一级市场投资，加入 KnowYourself 更符合我的自主三角。在符合自主三角的前提下，我没有仅仅纠缠于是不是要做个副业，而是在思考为什么要做副业、做什么副业。既然我那么喜欢副业，为什么不能把它变成主业？思路一下就打开并且清晰了。

思考自主三角还有一个重要的好处，能让人的眼光更长远，不太容易计较短暂的得失。想着能达到诗和远方，眼前的苟且就变得不那么"偷安"了。

对于愿景、身份、价值的思考，支撑着我走过了创业的很多艰难岁月。我加入 KnowYourself 之后，做了太多和心理学没关系的事，因为我要一边在公司贡献价值，一边学习心理学，所以特别辛苦，人事、投融资、市场、销售我都管过，最忙的时候简直恨不得睡在公司。

人一旦有了热情和动力，苦和难都可以挺过去。我一边工作，一边学习教练知识，学习心理学，拿到了国际教练联盟（ICF）的专业级教练（PCC）资格，并开始了助人之旅。也正是因为有管理和心理教练的各种工作经历，我才能够在这里跟大家系统性地分享这些内容。做心理教练这件事，到现在都是我最大的热情所在，也获得了很多来自客户甚至同行的正面反馈，我们公司不少资深的心理咨询师都说我在共情力、亲和力、唤起觉察力这些方面很有天赋。这样，我就进入了一个不间断的正向循环。

我在真正达成目标的过程中，其实还遇到了不少困难，有很多问题要考虑，我在后面的课中也会讲到，比如怎么求助、要资源，怎么权衡风险却又不束缚行动力，等等。

这一讲的内容可以总结为两句话。

第一句是：凡事先想为什么，Start with why。

第二句是：学会用自主三角找到 why 的答案。

接下来，我将从"价值驱动"开始，带你深入自主三角模型。价值是整个自主三角的核心，因为它驱动了"落地"。自主三角模型是由价值驱动链接到 how 和 what 的。如果说，愿景像北极星，指引着我们未来要去向何方，身份像锚，让我们坚定自己要的是什么，那核心价值就是发动机，驱动着我们行动起来！

第五讲
价值驱动：目标清晰，为何依然内耗？

这一讲，我会进一步展开讲自主三角中"价值驱动"的部分，帮助大家深入理解价值驱动的意义所在、探索自己的核心价值观，并学习如何用价值驱动指导工作和生活。

◉ 价值驱动的意义

价值驱动的本质，就是去做自己真正认同且重要的事。它有三个重大的意义。

第一个意义是，价值驱动的习惯能让你"事半功倍"。

我们反复强调，自主三角核心要回答的一个重要问题是：我做这件事有什么价值？

我在前面举过我思考副业的例子，算是职业发展中的重大决定。那是不是只有对这些"大事"我们才要去思考价值呢？

不是。我们做任何一件事都可以先想价值，哪怕是很小的一个环节。

举一个例子。

一位中层小A，刚换了汇报对象，还没有跟新领导正式汇报过工作。小A现在手上有一个招聘的候选人，前任领导已经批准通过了，但还没发录用通知。小A需要向新领导汇报这个候选人的情况，希望领导能够批复，让招聘顺利推进。

这是我给企业中层做教练时遇到的真实案例。这件事对一个中层来说不算很难：简单说一下岗位的需求、职责以及候选人的匹配情况，寻求新领导同意就可以了。为什么这样一件看似简单的事，小A还需要来寻求我的帮助呢？是能力不足吗？

不是。原因在于，小A想要让这一次汇报发挥更大的价值。

这是小A第一次向这位新上级正式汇报，他不仅希望能够让招聘顺利推进，还希望通过这次汇报给新上级留下良好的第一印象，为后续的工作打好基础。

"为后续工作铺路"就成了这次汇报的核心价值。

针对这个目标，我建议小A系统性地梳理部门当前的业务目标、相关重点工作、人力分工，以及目前空缺的职能，最后才说到目前这位候选人的优劣势。

根据上面的设计进行汇报，小A的招聘需求得到了批复。并且在之后的一段时间里，不管是业务上还是管理上的决策，新领导都对小A的部门更放心。

我们都希望能做到事半功倍,价值驱动就是一个重要前提。

同样的一件事,与其从"做什么"出发去执行一个点,不如从价值出发,让它发挥更大的价值。

第二个意义是,价值驱动能帮助你找到和检验"真目标"。

你从小到大肯定设定过很多的目标,比如要考什么大学、进入什么公司、年薪达到多少。工作中也会定目标,比如,关键绩效指标(KPI)、目标与关键成果法(OKR)等。

著名管理学家、心理学家洛克在 1967 年提出"目标设定理论",他说,目标本身就具有激励作用,使人们的行为朝着一定的方向努力,并将自己的行为结果与既定的目标相对照,及时进行调整和修正,从而实现目标。[1]

有目标、坚持朝着目标前进,是一件非常重要的事,也是好事。

但坚定目标还不够,甚至还可能起反作用。有一句话叫作"方向错了,越勤奋,越糟糕"。这也是这一讲的标题叫"目标清晰,为何依然内耗"的原因。

客户来找我求助的时候,一般都有一个初始的目标,有时这个目标似乎还比较明确。但实际上,这个初始目标往往不是他们真正需要的。因此,我会在最开始的时候和他们花比较长的时间去探索和确认,他们真正想要

---

[1] 引自 Edwin A.Locke 论文《迈向任务动机和激励理论》("Toward a Theory of Task Motivation and Incentives"),发表于 1968 年《组织行为与人类绩效》期刊(*Organizational Behavior and Human Performance*)第 3 卷第 2 期,第 157–189 页。

的是什么，基于这个符合他价值诉求的"真目标"开展工作。

举个例子。

有一次我的一位客户小B来找我咨询，上来就说："现在加班太多了，我不想加班这么多，有什么办法？"

"减少加班"，这个目标看上去很清楚、明确，我该怎么回答呢？

教他怎么提升工作效率？让他做工作量盘点向领导汇报？还是干脆建议他学点职场糊弄学？

都不是。

实际上，他在来向我求助之前，已经花了很长时间，试过各种方法了，都没法解决加班太多的问题。甚至，因为有些方法不得当，他还得罪了一些人，反而让自己压力更大了。于是，他就陷入了一个困局。

应该怎么办呢？我们回到"价值"层面去讨论：为什么不加班对他来说很重要？是因为加班不给加班费，太累了身体吃不消，还是做的事不喜欢？

后来发现，这和工作本身没关系。最重要的原因，是加班会导致能陪女朋友的时间很少，所以女朋友总是和他闹矛盾，搞不好要分手。

他之所以想要减少加班，本质上是希望减少和女朋友的矛盾，维护两个人关系的稳定。其实，他真正在意的，是"维护和女朋友的感情"。

经过一番探索之后，小B有了新的认识：花心思考虑如何能够"不加班"没有效果，短期内肯定是做不到的，而且现在在公司也不是无效加班，他对这段时间的加班其实也没那么抵触。但每次加班都要跟女朋友吵架，这才让他不堪其扰。在后面的咨询过程中，他的目标变成了"怎么在现在的工作状态下，更好地寻求女朋友的理解和支持"。

通过"价值驱动"找到"真目标"后，就需要开始行动了。于是，小B和女朋友坐下来长谈了一次，描绘了他未来的规划，解释了现在的工作状态有助于未来更好地生活，并表态之后会每周安排出一段特定的时间过二人世界，用这样的方式解决了女朋友抱怨的问题。

我做教练的时候，常常会先通过自主三角来明确做一件事的价值，然后才会得出一个路径或者说方法，这个路径包含了一个个阶段性目标。

即使我们一开始就探索出了一个"真目标"，之后它也可能是会变的。我们还要在通往目标的过程中不断地对于目标进行"检核"，审视这个目标还能不能实现我们想要的价值。因此，在教练过程中，我会去检查和确认。我会问："你之前说想要解决的问题是……探索到现在，你觉得这还是你现在的目标吗？"

当你设定了一个目标并且朝着目标努力的时候，请记得不时地停下来，问问自己：这个目标真的能带来价值吗？如果原先的目标已经失去了应有的价值，那就放弃原先的目标，拥抱最真实、最本质的目标，这是更明智的选择。

第三个意义是，价值驱动能减少信息过多带来的干扰，排除"假如"带给你的内耗，坚定你做出选择的勇气。

我分享一个真实的案例。

一个工作三年的小伙伴小C，在工作中和上级相处得一直不太融洽，常常有矛盾，于是来找我咨询要不要辞职。

在找我之前，他实际上已经向不少人征求过建议，有家人、朋友、职场前辈。

职场前辈从收入、市场环境、能力匹配的角度帮他分析，说现在就业环境不好，这个岗位能发挥优势，薪资也不错，能不辞职就不辞职。

朋友从情绪角度分析，说工作就是要开心啊！打个工吗干得不开心，当然要辞职，又不是真差这点钱。

父母呢，早就想让小C回老家了，抓住这个机会一顿劝说，说大城市多么多么不好，就算工资高也攒不下钱，老家多么多么好，工作清闲还离家近，赶紧辞职回家找个清闲工作算了。

小C觉得，每个人讲得都有道理，他很纠结，下不了决心。

我应该怎么办呢？思考"价值"。

为什么要工作？小C希望通过工作获得什么？工作对小C而言，价值到底是什么？是钱吗？是成长吗？是快乐吗？是地位吗？

我们花了不少时间，围绕这个问题去做深入的探讨，过程中发现，对小C来说，现阶段最重要、最迫切的是积累自己的核心竞争力，就是在一个领域，越做越成长，越做越"值钱"。现在这个岗位，实际上是比较符合这个条件的。市面上其他合适的岗位并不多。跳槽之后会不会遇到其他的问题不得而知。至于上级的喜怒无常，虽然确实让小C不舒服，但这不是最重要的。而且上级只是脾气不好，并不是没能力。

因此，小C最后得出来的结论是，暂时不辞职，再坚持一段时间。之后，他将更多的精力放在了如何积累资源、如何成长上，不再陷入与上级的人际关系问题中自怨自艾。

小 C 后来还遇到了一件幸运的事：没过多久，这个喜怒无常的上级就被调走了。新来的领导和小 C 配合得非常好。

其实我们每个人都会面临小 C 这样的情况，在众多的选项之间摇摆不定。

人性都是"损失厌恶"的。相比于获得的喜悦，人更害怕失去同样价值的东西，哪怕这种所谓"得失"只存在于想象中。

因此，选择越多，在做出选择的那一刻，我们越会有一种错觉：我失去了很多其他的可能性。但恰恰是这种虚妄的"可能性"，也叫"what if"思维，让我们陷入痛苦。我很喜欢的一部电影《给朱丽叶的信》里面有句经典台词："'what'和'if'是两个再平凡不过的词了，但放在一起组成的词会让你魂牵梦绕，可能这一生都过不好，这个词就是'what if'（假如）！"假如我当时选了另一个工作，假如我当时找了另一个男朋友，假如我当时……每个 what if 都能让你内耗。而明确"价值"的意义恰恰在于给你做决策的勇气。当你很清楚当下什么东西是对自己更重要的，做出选择的时候也会更确信。哪怕最终的结果不尽如人意，你依然会清楚地知道：基于当时我自己追求的"价值"，我没有所谓的更好的选择。"这就是当时最正确的决定。"

● 价值驱动的三个步骤

以上介绍了价值驱动的意义。接下来要学会运用价值来驱动工作与生活。我把它分成三步骤。

第一步是探索个人的价值取向，做出价值排序，确立核心价值。

你不仅要知道什么对自己是重要的，还要知道什么是"更重要"的和"最重要"的。因为现实就是这样，很多情况下鱼与熊掌不可得兼，必须做出取舍。

这个"最重要"的，我们就把它称为"核心价值"。

如何探索价值并做出排序，**确立核心价值**？我为你介绍三个方法，可以结合起来使用。

第一个方法是自我追问。

静下心来，问自己：我最看重的是什么？我认为什么是最有价值的？如果这个问题有一点宽泛，不好回答，那么你可以尝试回顾自己过去的经验，尤其是可以从过往曾激起自己强烈情绪的事件中找线索，可能是让自己兴奋的、快乐的，或者是嫌恶的、恐惧的事……往往是一个人很在乎的东西才会激发强烈的情绪，激发的情绪越强，背后反映的价值取向可能就越贴近"核心价值"。

以工作为例，你可以这么问：过去有什么工作让我特别感兴趣？我最感兴趣的是其中的哪个部分？完成什么样的工作最让我有成就感、满足感或是兴奋感？什么样的工作最能让我沉浸？甚至不限于工作经历。我有一个客户，从他非常喜欢的团体运动中去挖掘自己的"兴奋点"，发现自己喜欢同舟共济的氛围，对于团队的支持感很在意，这让他意识到自己对目前工作抗拒的原因，是大家都单打独斗，上级也不太管下属做得怎么样，没有反馈也没有支持。

成就感、满足感、兴奋感，这些积极的情绪往往蕴含着我们在意的价值。

你也可以反过来问：什么工作让我最厌烦、抗拒，最没有动力去做？什么工作我即使能做好，也依然觉得没意思？

厌烦、抗拒、无聊，这些负面情绪往往意味着我们在意的价值被剥夺或是有冲突。我们在后面讲职业角色与个人价值观冲突时，会深入展开这一点。

自我提问时，我们可以进一步"追问"，从而获得更深层的核心价值。比如，你发现"我人生中最重要的事是赚钱"，那么可以再进一步问自己："为什么想要赚钱呢？"或是："赚到钱能给我带来什么呢？"这个时候，可能你会说："赚到钱就可以到处旅行，尝遍世界美食，想做什么就做什么……"继续追问："做到这些，又能给我带来什么呢？"你可能会说："这样我就能有很丰富的人生体验。""丰富的人生体验"其实已经是一个相对更深层的价值了，但我们还可以继续追问："丰富的人生体验对我而言，为什么这么重要呢？"如果这个问题我们再深入思考之后，还能有一个明确的答案，我们就可以获得一个更深的、真正的核心价值，比如"只有这样我才能感受到生命力"。这个时候你发现自己最开始以为的"价值"，其实不过是一个"目标"，真正的价值是"生命力"。那么，如果赚钱的过程让你感到自己反而在消耗生命力，这个时候我们就需要更换目标。正如我们前面所说，why 决定了 how 和 what。

第二个方法是通过比较进行排序。

我们可以借助评估工具来排序，比如做专业测评，通过情境或是陈述来综合、全面地梳理和定位个人的价值取向。在测评中，我们会用到一种叫作"迫选"的方式，就是两个选项只能选择一个，比如：如果只能选择一个，你希望"通过工作，我能享受到完成任务后的愉悦"，还是"我的工作环境很舒适、安静"。因为核心价值是"比较"出来的，当你不得不为了某样东西而放弃另一样东西的时候，孰轻孰重就显而易见了。即便不通过工具，我们也可以把一些重要的价值进行比较。《孟子》关于鱼和熊掌的论断，就是这样展开的：当鱼和熊掌只能选择一个时，通常是"舍鱼而取熊掌"；当生命和正义只能选择一个时，孟子是"舍生而取义"。"义"就是孟子的核心价值。因此，文天祥总结道："孔曰成仁，孟曰取义。"文天祥的这句话，就是：孔子的"核心价值观"是"仁"，孟子的"核心价值观"是"义"。[1]

第三个方法是从愿景推导。

我们对自己身份的理解和对未来愿景的想象，都与我们当下的核心价值密切相关。比如说，我未来的愿景是有很多人都在我的帮助下获得更好的生活，那我推导出来的核心价值，就是"利他和助人"。

自主三角之所以让我们动力满满，正是因为愿景给了我们指引，并在身份层面做了一个锚定，我们才能坚定核心价值。你现在可能对于自我身

---

[1] 引述自汤超义：《闲暇创造价值》，上海财经大学出版社，2023，第65页。

份和未来愿景的认识还不是特别清晰，后面的课程会帮助你更进一步地探索身份和愿景这两个层面。到时候你可以再回来对自己的核心价值做一个验证。

第二步是实践与反馈。

用上述三个方法对自己的价值取向进行了探索之后，接下来就进入第二步：实践与反馈。就是说你要真正按照自己梳理出的价值取向来采取行动，才能验证自己反思和梳理的价值取向是不是符合实际。

以我自己的职业经历为例。其实，在开始的时候，我一直觉得自己最在意的是挣钱，就是说"物质"是我看重的价值，听起来可能有点俗，不过挣钱其实也不丢人。著名作家王尔德曾说："我年轻时，以为钱是世界上最重要的东西，到老了，才发现确实如此。"

照理说，我原来做投资和我想赚钱这件事是契合的，但我始终提不起兴趣。为什么最后坚定地选择了泛心理行业呢？是因为我在做心理教练的过程中发现，虽然多挣些钱是比较开心的，但是帮助客户解决问题、获得成长，比钱给我的满足感和成就感要大得多。

通过实践和反馈，我更加清楚地了解和验证了我的核心价值。

同时，实践与反馈这一步，是一定需要刻意练习的。

因为我们的大脑是喜欢偷懒、不太愿意思考的，尤其是在一些小事上，我们常常会想"反正花不了多久，做了就做了"。但是这样的事多了，积累起来也会耗费我们不小的精力，而这些精力本来有可能投入更有价值的事情上。

我尤其鼓励大家在一些小事上也使用价值驱动的理念，做之前都想想这件事对自己的价值是什么，试错成本更低，频率更高，更有助于你形成类似运动的"肌肉记忆"。

《三国志·蜀书·先主传》记载，刘备临终时对儿子说："勿以恶小而为之，勿以善小而不为。"不要因为是很小的坏事就去做，不要因为是很小的好事就不做。他就是在告诫后人，善恶都体现在细节上，在小事上也要使用价值驱动的理念。

第三步是在整个人生中都持续地觉察和校准。

一个人的价值取向、价值排序，哪怕是核心价值观，都可能会随着时间发生变化。这和一个人所处的环境、经历和人生阶段等因素有很大的关系。

比如，刚毕业工作的学生，可能最看重的是收入水平，以及未来的发展空间，至于工作稳定不稳定，是不是能够实现工作与生活的平衡，也许还不是最重要的。随着职业的发展和积累，核心的价值可能就会发生变化。

举一个我身边的例子。我父亲说他年轻的时候价值观就是"赚钱，让整个家庭过上更好的生活"，因此，他选择离开老家的政府机关，下海经商。历经千辛万苦，挣到人生的第一桶金后，他开始思考：光有钱是不够的，还应该给自己、给家庭寻找更好的平台——要去大城市。于是，他卖掉了公司，开始闯上海。在上海历经坎坷，总算站稳了脚跟，他又开始思考：来了大城市，又如何呢？我是不是能够做些对社会有意义的事？于是，他开启了中华优秀传统文化的传播之旅，也就有了我前面提到的他高龄考博、屡败屡战的故事。他的核心价值从"赚钱过好生活"变成"寻找平台",最后调整为"为社会做贡献"。

最后,在用价值驱动工作和生活的时候,我还有两点想要提醒你。

第一点是,价值取向无论"高尚"还是"平庸",都应得到尊重。比如在探索了核心价值之后,有客户跟我说:"我探索出来的核心价值是物质,好俗。"也有一些客户会抗拒承认自己的价值取向,因为和他所在的环境不匹配。

关于这一点,我想说的是,"高尚"的价值取向固然值得肯定和认可,然而,只要不伤害自己和他人,普通的价值取向也是值得肯定和认可的。

有一位朋友很早就明确:"让自己开心"最重要。虽然父母常常因为他缺乏上进心而批评他,但他还是坚持做自己。他的主业算是能养活自己,但他拒绝过多投入,而是从副业中找乐趣。他后来选择做侍酒师,因为他爱喝酒爱交朋友,这个副业他做了很久,后来变成了他的主业。

探索过程最重要的是对自己诚实,少一些"高尚""平庸"之类的评判。

第二点是,在职场中,我们要去努力寻找个人能力、价值取向(尤其是核心价值)、工作需要三者的结合点。

有一个听起来可能有点残酷的事实:商业社会中,所有工作的第一目标,并不是让做这件事的人发挥价值,而是要获得实际收益。因此,想要在职场中挖掘和收获个人价值,首先要将工作做好,做出正收益。

这就得从工作、公司、市场的层面理解一件事的价值。简单来说,就是要分析:公司为什么要做这件事?上级为什么要让我做成这件事?这件事做好了，对公司、团队项目、项目参与者有什么益处？这件事做砸了，有哪些人会受到影响？然后去思考：自己有哪些能力？如何把工作做好？在这个过程中看看能否获取符合个人价值的东西。

我认识一个做自媒体的朋友，他希望自己的每一篇文章都是"艺术品"，总是花很长时间去打磨作品，创作得很慢，而且也几乎不接商业广告。后来，他发现这样做投入实在太高，如果无法商业化，就难以持续，自己的账号几乎做不下去了。怎么办？他只能放下一些对内容的极致追求，允许自己快速创作出一些更符合市场、能挣到钱的内容，先养活自己，再去做那些"艺术品"式的内容。在把内容和商业化结合的过程中，他提升了自己的灵活性，挖掘到自己喜欢的作品和大众喜闻乐见的作品之间的连接点，这让他感到这段时间的尝试和自我突破充满意义和价值。

我的心智成长营开班之后，很多学员问我："我怎么才能确定自己找到了真正的核心价值呢？""不同人在各个阶段的核心价值会有什么共性吗？"关于此，我之所以没有在课程中展开讲，是因为每个人对价值的理解不一样，我不太想用自己的价值取向限制大家的思维，不过，在这里我可以聊聊我自己的一点想法，供大家参考。

我在职业初期，所寻找的价值就是成长，更具体地说是提升"思想力量"和"情感力量"。这算是参考了弗洛姆的"建议"。

"一个人能通过行动和理解创发性地与世界发生联系。人创造事物，在创造过程中行使其控制物质的力量。人通过爱和理性，从心智上和情感上理解世界。他的理性力量使他能通过和客体发生能动的联系，透过事物的表面抓住它的实质。他的爱的力量使他冲垮他与别人分离的围墙并去理解别人。"[1]

我们必须拥有健全的自我人格，发展人所特有的情感力量和思想力量，才能够真正具备走向内心的能力，才能真正享受内心的自由，才能真正找到属于自己的热爱。我认为在这个阶段，最有价值的事是围绕健全自我人格的成长，这当然也包括我所说的心智模式的成长，因此，我在做职业方面的选择时特别看重这些方面的成长，我甚至会把遇到一个"难搞"的上级或不喜欢的工作环境当成锻炼自己的磨刀石，让我能够更好地站在他人的视角思考，而不是把自己放在受害者的位置上。

成长了之后，如何进一步寻找和实现价值呢？在这个阶段，我确定的核心价值是给更多人带去益处，这可以算是参考阿德勒的价值取向。阿德勒特别强调"社会兴趣"，即要从社会的格局来考虑，要做对他人、对社会有意义的事，要对他人乃至对社会的福祉产生真诚的兴趣，并为之努力。这会让我们内心产生优越感，而这种优越感是正向的、健康的。

阿德勒认为我们每个人内心都有实现优越感的渴望。"优越感"这三个字很妙，很多人觉得健全的人格、健康的心理状态是全然向内、关注自我的，但"优越感"的含义本身就无法脱离社会和他人，在阿德勒看来，那

---

[1] 引自黄颂杰主编《弗洛姆著作精选——人性·社会·拯救》，上海人民出版社，1989，第 165 页。

种盲目追求要赢、彰显自己更优秀的"优越情结"是容易影响人格发展的，但通过做对社会有意义的事而产生的优越感，不但是健康的，而且是社会前进的动力。教练在帮助客户探索愿景的时候，往往都会问："如果你实现了……有哪些人会受益呢？"想象有哪些人会受益，也是愿景的一部分。

为什么我觉得核心价值要分阶段呢？因为在人格不健全的时候，去考虑社会兴趣、对社会有意义、他人的福祉，反而可能造成一些困惑。再次强调，这是我个人的价值取向，并非唯一解。

我很喜欢父亲汤超义在《掌控人生主动权：孙子兵法与人生战略》一书中的一段话：虽然我们常把重心放在"胜"，但"'胜'是手段；'利'是目的。我们追求胜利时，一定要把重心放在'利'上。为了'利'，大胜可以小胜；小胜可以不胜"。[1]

做一件事之前，先想这件事对自己的价值是什么，便不容易因冲动而做出不恰当的事，对于预想的目标也会更有行动力，结果往往也会更好。孙子曰："胜兵先胜而后求战，败兵先战而后求胜。"充分准备，未战先胜，然后向敌开战，这样的军队就会胜利；不做准备，贸然参战，希望侥幸取胜，这样的军队就会失败。讲的就是这个道理。

---

[1] 引述自汤超义：《掌控人生主动权：孙子兵法与人生战略》，上海财经大学出版社，2018，第115–116页。

第六讲

身份：自我，我是一个怎样的人

请你回忆一下，自己有没有遇到过这些情况：工作的时候，有件事没做好，你会不会很容易自我怀疑，被批评了会不会很难受？做职业选择、跳槽的时候，你会不会很迷茫，不知道自己想做什么、能做什么？面试的时候，面试官问："你有什么优劣势？请分别举一些例子。"你会不会回答得很没底气，甚至根本答不上来？

如果你遇到过这些情况，那这一讲可能会对你有帮助。接下来，我们会进入自主三角的"身份锚定"这个部分。

身份，指的是一个人如何认识和定义自己。之所以叫"身份锚定"，正是因为我们必须先有一个相对稳定的自我认识，才能清晰地知道自己所期待的愿景和自己所坚持的价值真的是自己想要的，而不是被社会、被所处环境、被他人或被自己的情绪与偏见等非自主的因素所裹挟了。

自主三角中的身份又可以拆成两个部分。

第一个部分是对自我的认识和评价，像是性格、能力、喜好、习惯等方面。在不同的环境和角色中，每个人对自我的认识和评价是不一样的，比如我可以是"温柔的"，可以是"坚定的"，也可以同时是"温柔而坚定的"。这就是中华传统文化中的阴中有阳，阳中有阴，有的场合展现的是阳，有的场合展现的是阴。关于这一部分，我们会在这一讲展开探讨。

另一个部分是社会关系中的角色，比如，在家庭中我们可能是母亲、孩子，在职场中我们可能是员工、老板、中层、甲方、乙方。这一部分是下一讲的主要内容。不同角色有其对应的边界与期待。孔子说："君君臣臣，父父子子。"君要做一个合格的君，臣要做一个合格的臣，父要做一个合格的父，子要做一个合格的子。在日常生活中，一个人常常同时兼具这四种角色：在下属面前我是领导，在领导面前我是下属；在儿女面前我是父母，在父母面前我是儿女。在社会关系中，角色定位很重要，在中华传统文化中，这叫"分寸"。对于这个"分寸"，我们会在第十讲详细说。

● 怎样认识自我

为什么说认识自我很重要？

充分认识自我能让你更坚定，不轻易受外界看法和评价的影响。

人，天然地会在乎他人的看法和评价，尤其是希望获得"好评"，这很正常。社会学家查尔斯·库利提出了一个概念，叫作"镜中自我"，大致意思是，他人好像一面面镜子，每个人都会依照他人的评价，以及自己对他人评价的想象，来形成对自我的认识和评价。但问题在于，他人对你的看法可能是片面的，也可能是不稳定的。如果过分看重他人的评价，必然会感受到混乱。

比如，前一天被领导夸了，就觉得"我真棒"，走路都飘飘然，结果第二天犯了个错被批评了，又觉得"天啊！我好糟糕，我是不是真的很蠢啊？"，开始反复自我检讨，但是又困惑："他昨天刚夸过我啊，到底怎么回事？"这样是不是很混乱？

如果一个人很了解自己，那么高于实际的夸奖，他不会放到心里去；恶意夸大的批评，他也不会放到心里去。他不会因为这些一时的评价而影响对自己的判断。就像《庄子·逍遥游》夸宋荣子："举世而誉之而不加劝，举世而非之而不加沮，定乎内外之分，辩乎荣辱之竟，斯已矣。"世人都称赞他，他并不就此而特别奋进；世人都诽谤他，他并不因此而特别沮丧。他能把握内心与外界的分寸，他能辨别荣耀与屈辱的边界，因此，就能做到宠辱不惊。

我们到底要怎么样去认识自我呢？核心是要建立一个好的自我评价体系。

有关自我评价体系的模型有很多，我在做教练的过程中常用的是一个三层模型，它总结自美国著名社会心理学家戴维·麦克利兰提出的冰山模型，适用于对职业及人生目标的探索。

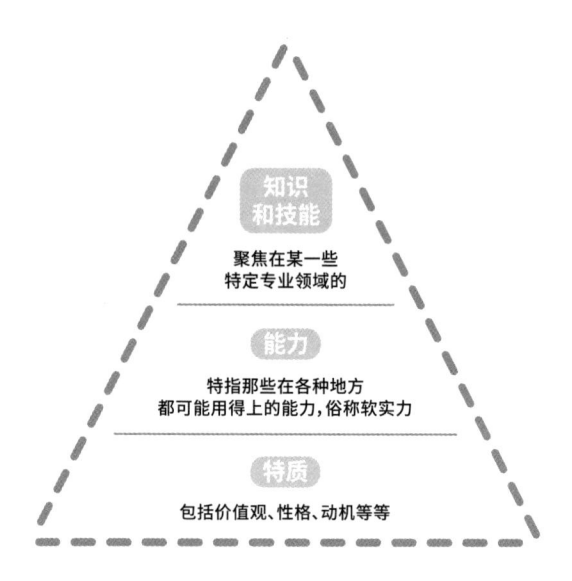

```
        知识
        和技能
    聚焦在某一些
    特定专业领域的
    ─────────────
        能力
    特指那些在各种地方
    都可能用得上的能力，俗称软实力
    ─────────────
        特质
    包括价值观、性格、动机等等
```

最上层是知识和技能，比如编程、开车等等。它们是聚焦在某一些特定专业领域的，到其他领域可能就用不上了。

中间层是能力。这里特指那些在各种地方都可能用得上的能力，俗称软实力，比如沟通能力、情绪能力、领导力等等。

能力的提升，相比于知识和技能就会困难一些，因为能力更加综合和复杂。

最底层是特质。包括价值观、性格、动机等等。价值观也是自我的一部分，因此，我才会说可以从身份去推导价值。

这一层最稳定，它们常常来自基因、早年的成长环境以及长期的生活经验，通常是遇到了重大的转折性事件，或者受到长期的环境影响才会有所变化。

这三层中，越底层，影响就越大。你的特质很大程度上决定了你的核心能力或者潜力是什么，你的核心能力体现在职场中，也就是你擅长或可能会擅长做的事情。

比如马斯克，就是一个特质、能力、技能非常一致的人。从最底层的特质来说，他是一个有大理想、大格局的人，他的价值观一直是想要做推动人类进步发展的事。从能力（软实力）来讲，他的专注力、韧性非常强，猎鹰1号火箭发射从失败到成功，先后一共发射了五次，他始终坚持着自己的梦想没有放弃。再说知识和技能层面，马斯克非常喜欢和擅长物理，专业技能过硬。

●"好"的自我评价体系

什么样的自我评价体系可以称得上"好"？我总结了四个原则。

第一个原则叫具体化原则。

请你思考一下，假设我现在是一个面试官，请你用几个形容词来描述自己，你脑海里最先冒出来的词语是什么？随意想，都可以。最好能写下来。

一个有意思的现象是，我招聘过很多人，有一些应聘者在做自我描述的时候，为了突出自己的优势，会用一些比较笼统的词包装自己，比如说"有领导力""沟通能力强"等等。很多时候，这种描述缺乏依据，经不起推敲。究其原因，并不在于他们面试的时候过度包装自己，而是他们没有具体化自己的优势，于是用了一些"大概念"。

比如我遇到过一个应届生，说领导力是自己最大的优势。我还挺意外的，因为他没有工作经验，没有带过什么团队。后来发现，他做过学生会的干部，能把一个比较复杂的活动井井有条地办下来，在自己的部门中也比较让人信服。

这就是职场中的领导力吗？

不是。

领导力是一个非常大的概念，包含诸多维度，比如长期视野、战略能力、组织协调能力、冲突解决能力、团队激励等等。

上面的这些能力，绝大多数人在学生时代都没有机会展现，那就无从确认他是不是真的有领导力了。基于他的真实经验，他拥有的，实际上是组织协调能力，这才是一个具体和精准的描述。

这就是具体化，一是把笼统的描述向下拆解成一个更为准确的描述，二是用事实说话，从实践中得出结论。

我们在实践总结的过程中，一定要注意第二个原则。

第二个原则叫解耦性原则。

不知道你有没有遇到过这种情况：一件事没做好，立刻就觉得是"人"不行，给自己打一个"不好"的标签；或者反过来，一件事做成了，立刻觉得"我很擅长这件事"。

"解耦"就是把"事"和"人"之间这种紧密的绑定关系解开。要意识到，一件事情之所以能够做成，人是重要的，环境、机遇等其他条件也是重要的。

当然，事情本身可以作为完善自我评价体系的契机，前提是你要真的去把一件事的来龙去脉、前因后果分析透。我在后面的案例中会详细解释要如何解耦。

第三个原则叫情境性原则。

我们看这几对形容词：

"谨慎"与"胆小"。

"灵活"与"随便"。

"细致"与"挑剔"。

这几对词，形容的现象可能是一样的，但为什么前者是褒义词，后者就变成了贬义词呢？

这就是情境的差别，因为具体环境和外部条件不同，不同的特征可能带来不同的结果，评价标准也会变化。

比如说，"谨慎"和"胆小"，实际上说的是偏向于保守的风险偏好。做风险控制工作的时候，可能这就成为一种优势，我们就叫它"谨慎"，它能减少出错从而避免造成损失。如果就是得"搏一把"才可能有出路的时候，保守的风险偏好就变成"胆小"，变成劣势了。

拿我自己来说，我天性待人热情，对同事和领导都是如此。这个特点在某一些工作环境中会给我带来困扰，有些同事会怀疑，我这个人是不是特别爱"逢迎"，喜欢攀关系，还会在背后说我坏话。我曾一度以为在职场里不能太热情。

加入 KnowYourself 之后，整个环境都比较宽松，大家都比较年轻、热情，而且都比较"做自己"，尤其是我带线下活动的时候，很受欢迎。我这才逐渐认识到，热情在职场算不上缺点，也不一定是优点，它是一个中性的特点。

在职场中，绝大多数的特点都有可发挥的地方以及会受限制的地方，成为所谓的优势或是劣势。

我们要扬长避短，那就讲到第四个原则。

第四个原则叫建设性原则。

要时刻记得，我们所有做自我评价的过程都需要有建设性，也就是说，都要服务于一个目的：让自己变得更好、更喜欢自己、对自己更有信心。

"建设性"原则要怎么做到？

我们需要学会采取心理学中的"优势视角"，而尽量减少"问题视角"。

有些同学在海外留学的时候，非常担心自己英语说得磕磕绊绊，"我英语一塌糊涂"是问题视角，"我能用英语发言、回答老师的问题，我好勇敢"是优势视角。

在优势视角下，人们倾向于重视个人的成就、能力和资源，将注意力集中在积极的经历和可能性上，从而增强自我效能感。

优势视角可以帮助个体更好地应对挑战、面对困境，并寻找解决问题的积极途径，从而形成正向循环。

因此，在工作中，比自我检讨更重要的，是寻找优势。

道理简单，但是做到很难。在实践的过程中，我发现大多数的职场人，要问自己的缺点能说出一大堆，但是找到优势很困难，不知道从何下手。

原因在哪儿？

首先是环境的因素。我观察到，职场中"鼓励和赞美"通常远远少于"挑错"。大部分上级都有个"特长"，就是特擅长找下属的缺点，或者说"可提升空间"。下属写一个方案，交给上级确认，上级给了好多修改意见。你说这些意见有没有道理呢？大多数是有道理的。但收到的全是修改意见，是不是感觉很差？好像一点好的地方都没有似的。

好多父母也是这样。孩子做得不好不对，自然是要大加批评。孩子做得好了呢，就说"还有提升空间，不要骄傲自满"。要是冤枉了孩子，就说"有则改之，无则加勉"。

对于这个现象，有一种解释是，在进化的过程中，人为了规避危险、获得生存，更可能关注和重视那些负面信息。比如，远古人类需要时刻观察自己周围是否有野兽出没，因此，一有风吹草动他们就非常警觉。而不够警觉的远古人，往往就成了野兽的口粮。于是，人类这种注意力警觉偏向，就保留下来了。

所以说，如果要真正建立信心，一个人需要受到的肯定和鼓励，一定要比劝阻和批评多得多，包括内心的和外界的。刚刚分析了，外界常常关注和重视负面信息，因此，内心给自己的肯定和鼓励必须大大地大于打压和批评。

面对打压的情况，你得告诉自己，很多时候，上级、父母打压你，不是因为你真的不好，而是因为他们也是被打压过来的，他们只知道这种办法。这是他们个人的局限性。

还有一个现象，和我们的应试教育有关，就是我们很容易怕"偏科"，习惯发现自己的短板，并喜欢去和短板死磕。因为，学生时代考试都是算总分的，所以，许多人就养成了习惯，遇到自己不擅长的事，老想着要靠自己解决掉。但是职场中那些真正出挑的人，往往不是"水桶型"，而是短板不致命，长板特别长的人。因为有分工合作，所以如果你的长板够长，你的短板一般会有别人来帮你补的。尤其在竞争领域中，长板特别重要。《孙子兵法》说："兵无选锋，曰北。"战争，没有选锋，就会败北。什么是选锋？《掌控人生主动权：孙子兵法与人生战略》一书中写道："'选锋'，就是在部队中选一支优秀的队伍，组成尖刀连、冲锋队、特种部队。"如刀有刃、剑有锋，才能直插敌人心脏。对个人而言，就是要打磨自己的核心竞争力，具备与众不同、极具价值的能力，人无我有，人有我优，才能在竞争中取得胜利。

有人可能会说，说得容易，但是优势哪儿那么好找？

我给你提供两个思路。

第一个思路，是先看特质，再看能力，最后看知识技能。

开头讲了，知识技能、能力还有特质这三层，越往下越难改变，就越需要找"匹配"；而往上到了知识技能，就可以通过不断学习及时调整。

因此，要先定位特质、能力这些"软实力"，找到合适的领域，深耕这个领域，才能获得或发展硬技能和专业性。

比如，一个物理学教授，他物理研究能力强，可能是因为智商高、专注能力强、具有钻研精神，也可能是由于不喜欢、不擅长与人打交道等特质，他没有选择去竞争某某主任之类的行政岗位，而是选择专注做科研。当然，他要做好一个物理学教授，还必须不断学习，关注该领域的最新研究成果，掌握前沿的知识技能。

第二个思路，是"差异化竞争"。

优势是相对的。

我们 KnowYourself 公司有自己的自媒体业务，公众号文章阅读量都是几十万的量级。我们有个同事，原来在出版社做编辑，共事之后我们发现，她校对能力特别强，别人查不出来的错误，她很快就能看到。

后来和她聊天，她说其实她的校对能力对一个出版编辑来说，就是基本功，算不上什么优势，没想到，到了 KnowYourself 反而成了最大的优势。她还因此收到了很多鼓励和正向反馈，这在出版社是做不到的。

找到自身的优势之后，还有三点需要去做。

第一点，扬长避短，主动承担你擅长的工作，让你的优势充分地发挥，让长板越来越长，让你变得不可替代。

第二点，主动关注和记录成功经验，反复跟自己进行积极的对话，形成正向循环。

第三点，如果遇到问题，采用"完善"取向，而非"检讨"取向。就是发现问题之后，把重点放在解决方案上，而不是检讨错误上。

到这里，我们讲完了好的自我评价体系的四个原则。

总结一下：具体性原则，让我们更加具体精准地描述自己；解耦性原则，让我们能够在互相关联的复杂事件中，把人的关系、事的关系拆分开来看清楚弄明白；情境性原则，让我们能在不同的情境中用不同的视角看问题，避免成见；建设性原则，让我们关注优势，更容易成长为更好的自己。

接下来，我们看看怎么将这四个原则应用在真实的职业场景中。

我举一个职场中几乎是最常见，也特别容易让人感觉难受的例子：犯错。所有人都会犯错，总是批评你的领导也会犯错。因此，犯错不可怕，关键是犯了错怎么办。

犯错之后，我们通常需要做两件事。

第一，尽可能减少负面影响，通俗地说是补救。有些人犯了错，会下意识地先去掩盖、解释、找责任、做检讨，结果损失越来越大，这是个不好的习惯。采取措施及时止损，才是第一优先级的。

多说一句，职场新人最好的补救方式不是自己瞎搞，而是赶紧汇报和求助，具体怎么做，我们在后面有关求助的章节会展开讲。

第二，也是我着重要讲的，是完成补救之后如何正确反思。这就用到我们的四个原则。

举一个案例。

我有一个客户在办活动的时候把嘉宾的名字写错了。她和嘉宾道歉之后依然非常自责，觉得自己怎么会出这种问题。领导知道了也是怒不可遏，严厉地骂了她一顿。内外夹击，她就更难受了，甚至认知有点崩塌，本来她一直觉得自己是一个靠谱的人，这事发生后，她就反复地自我怀疑。

这个时候怎么办呢？

我们首先用建设性原则来看一看。这件事里，有没有做得好的地方？有的。实际上整个活动办下来是比较顺利的，至少能打 75 分，中间有几个环节还颇受好评。这个是值得肯定的部分。

然后再用解耦性原则分析。这次活动的确是出了些问题，但是先别急着给自己下定义，怎么可以只凭这一件错事就觉得自己不靠谱了？这就需要进行解耦：这件事我有做得不好的地方，但不代表我就不好。

接下来再用具体化原则分析。这个问题具体是怎么发生的呢？我和她讨论后发现，她初来乍到，这件事比她之前做过的工作要复杂很多，有很多超出她预料范围的问题需要处理，又没安排好其他工作人员的分工，那肯定无法做到面面俱到。

不要给自己下一个"不靠谱"这种笼统的结论，而要分析这次"不靠谱"事件的来龙去脉，找到一个具体的原因，这个就是"具体化"。

最后用情境性原则分析。再往下讨论，她认为自己"靠谱"的这个认知是怎么来的呢？

她原来从事的是行政工作，做的事都比较简单和具体，不涉及统筹或者策划的工作。那个时候她能把工作做好，主要靠细心和负责，也确实可以称为"靠谱"。但是她现在转行做活动策划的工作了，得有系统思维，有"全局观"，会分工协作，才能算"靠谱"，光是自己细心、负责就不够了。

这就是"情境性",岗位变了,对"靠谱"的要求不一样了。

经过这样一番思考之后,她不仅不再自怨自艾,还把这次疏漏转变成了一个认识自己、提升自我的契机。

第七讲
身份：角色，在角色中我们还能做自己吗？

上一讲我们说到自主三角模型中"身份锚定"的第一个层面——自我认知，讲了如何搭建好的自我评价体系。这一讲，我们来看"身份锚定"的第二个层面——角色。

角色是我们在社会关系中被赋予的一种身份，比如"父母""子女""员工"等。每个角色都有特定的行为准则、期望和规范。不同的角色要求我们展现不同的特质、技能，来承担相应的责任。

有时候，这些角色会让我们陷入无奈的境地。比如，有时候，我们不认同父母试图强加给我们的一些想法，但作为子女的角色，我们又觉得自己不应当忤逆父母。有时候，我们十分排斥在很多人面前说话，但受限于职业角色需要，我们又不得不走上台去演讲……

这种无奈在职业角色中尤为显著。接下来我着重以职业角色为例展开。

● 认识职业角色的重要性

清晰地认识自己的职业角色很重要，最好在进入一个职业角色之前就考虑到我们将要面对什么，比如找工作的时候、换岗的时候、接受升职的时候等等。为什么重要呢？

第一，通过理解职业角色，我们可以明确自己的定位，调整行动方式，规划发展路径。

我们可以用上一讲的冰山模型来理解职业角色。

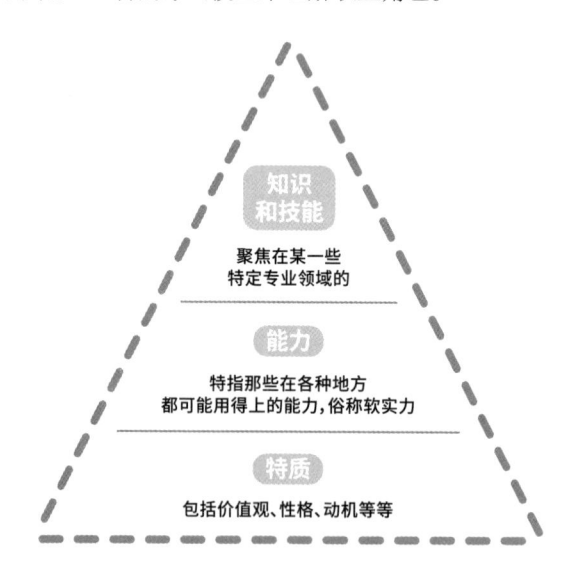

```
知识和技能
聚焦在某一些
特定专业领域的

能力
特指那些在各种地方
都可能用得上的能力，俗称软实力

特质
包括价值观、性格、动机等等
```

举个例子，作为"教练"这个职业角色，在知识和技能上，我需要懂教练技术，了解心理学知识；在能力上，我需要有很强的共情能力、觉察能力、洞察力等等，我们也常常把它们称作"素养"；在特质上，我需要足够敏感、愿意和人交流、认可助人的价值等等。

经过这种梳理，我就能有针对性地看到：我是不是匹配这个角色受到的期待？如果要当一个好的心理教练，我还有哪些地方需要补足和发展？也可以比较清晰地知道：自己是不是适合现在的角色？未来要如何发展？

子曰："知之者不如好之者，好之者不如乐之者。"（《论语·雍也》）孔子这句名言用在职业角色分析里就是：了解这个职业角色不如喜欢这个职业角色，喜欢这个职业角色不如以从事这项职业为快乐。当进入"乐之者"的境界时，职业角色就与自我完全匹配，"职业"就变成"事业"了。

但是，一个人的职业角色往往是很难和自我百分之百匹配的，现实状况下，有多少人对工作真的是非常喜欢，而且充满热情呢？

这就要讲到第二点：职业角色和自我发生冲突是内耗的来源之一，我们需要觉察并识别这种冲突。

我有一个律师朋友，他之前在一个很有名的律所工作，他级别不高，没有办法选择代理什么案子，只是给上级做诉讼支持，工作了一段时间他发现，自己可能干不了这个，他有时候会过度共情对立方，尤其是当对立方属于弱势群体时，他会觉得对立方的诉求其实是合情合理的，对立方只是因为没有财力和精力，所以选择忍气吞声。因此，他工作的时候就特别痛苦，脑袋里总有两个小人打得不可开交。

一个小人和他说："你是个职业律师，收人钱财，替人办事，这是你的职业素养。"但另一个小人和他说："你的正义感呢？你良心过得去吗？"这种职业角色和自我的冲突，让他备受煎熬。

实际上，职业角色和自我的冲突普遍存在。比如说，甲方给了一堆让自己很难接受，甚至让人愤怒的修改意见。但是为了表现出专业，还是得微笑着再改一版方案。或者说工作内容不喜欢不认可，但没有更好的选择，只能硬着头皮忍着……这种感觉，就像是戴着不属于自己的面具，扮演一个不喜欢的自己。

职业角色与自我的冲突之所以让人痛苦，在于它威胁了一个人的真诚存在（authenticity）。

根据心理学家柯尼斯和高曼的定义，真诚存在指的是一个人的生活可以顺畅地基于自己真实的核心自我展开运行。通俗地说，就是一个人知道自己真实的需求和意愿，并且能顺应它们去行动。当真诚存在不被满足的时候，人就会觉得冲突、矛盾、自我怀疑。[1]

孔子说："诚者，天之道也。"（《中庸》）真诚，是一种天道，是天地原本的状态，也是人的本性。

比如前面提到的律师朋友，他在乎他心中定义的正义，因此，当他要帮着自己的客户"欺压"弱势群体的时候，他就陷入了迷茫和自我怀疑。

这位律师朋友的情况，甚至不是最糟糕的，至少他能明确地意识到冲突所在。

---

1 引自 Goldman B.M. 和 Kernis 合著论文《真实性在健康心理功能和主观幸福感中的作用》（"The Role of Authenticity in Healthy Psychological Functioning and Subjective Well-being"），发表于 2002 年《美国心理治疗协会年刊》（*Annals of the American Psychotherapy Association*）第 5 卷第 6 刊，第 18–20 页。

更糟的情况是，我们被要求履行角色责任的时间往往是比较长的，如果角色与自我长期不一致，最终可能会让一个人慢慢地只能扮演着某种角色，而无法真正察觉真实的自我，包括自己的感受、情绪、情感到底是什么，也不能理解自己真正的需要和欲望是什么，无法为生活找到目标和意义感。

所谓"面具戴久了，都找不到自己了"，最后只能被动地以一种"回应外部世界"的方式开展生活，为了适应不同要求而呈现出完全不一样的"自己"。

美剧《老友记》里有个片段，主角瑞秋到了一家奢侈品公司之后，发现他们团队中一些大的决策都是大家跟主管在楼下抽烟的时候商定的，整个团队只有她一个人不会抽烟，她为了融入团队，不得不让一个朋友教她抽烟……而在这荒诞喜剧的背后，全是现实的血泪史。

● 最优状态：做真实的自己

通常情况下，职业角色和真实的自我之间有三种状态，我叫它们最优、次优和无奈。

最优的状态是：职业角色和真实的自我保持一致

如果职业角色的要求与自我天然一致，这是最舒服的，也是最有动力的。我在 KnowYourself 做心理教练、课程研发相关工作的时候就是这种状态，于是，哪怕在我特别忙、特别累的时候，我也很少有心累的感觉，因为我很喜欢这个工作。

因此，找到一份能让你"做真实的自己"的工作，肯定是最优策略。不过在职业早期，我们对职业角色和真实自我可能都不太了解，"一击命中"的概率自然是不高的。

怎么办呢？一个方法是尽可能在早期多尝试，在尝试中了解角色和了解自己。

不然，工作的时间越久，试错的成本就越高，要顾虑的现实因素也越多。我见过一个非常优秀的同事，心理学背景，他从大二开始就频繁地实习，涉足许多领域、许多岗位，他做过快消行业的用户研究、互联网行业的运营、精神科的实习助理，最后到我们 KnowYourself 做课程研发，比较之后，他发现 KnowYourself 的环境和课程研发的工作属性最适合自己，最终决定留在我们公司。

除了自己去感受、体验和尝试，还有另一个方法，就是去观察其他人，然后问自己："我想要成为他吗？"

一位找我做心理咨询的来访者给我分享了一件很"扎心"的事。他的"00 后"实习生拒绝了转正的机会之后，跟他说："感谢您带了我三个月，您的能力我很钦佩，在产品开发的层面给了我很多的指导和启发。但我也开始想，如果像您一样，五到十年后，在一家互联网公司做中层，加班加成这样，这是我想成为的样子吗？我不知道，也许这种疑问就代表了拒绝。"这个实习生的话，让我的来访者对自己的人生产生了深深的自我怀疑。

这个实习生就是通过实习的机会在观察，五年后如果过上了这样的生活,这是不是自己想要的。

我父亲也曾运用该方法完成了一次重大的人生转折。父亲二十岁大学毕业,被分配到一家国企,半年不到就担任中层干部。他二十二岁被调到市政府,二十六岁被国务院授予国家级先进个人,二十七岁被提拔为市政府机关中层干部,很多领导和同仁视他为"政坛新星"。一天晚上,他散步路过刚退休的老市长家门口。这里以前车水马龙,现在却冷冷清清。父亲意识到要去看看老市长,他没有预约就信步前往,门一开,老市长脸上满是落寞又略显惊讶。多年后,父亲还回忆道:"这次拜访让我印象深刻。我问自己:我奋斗三十年能达到老市长的位置吗?就算达到,不也是断崖式清零吗?"当时正值1992年,乘着邓小平南行的东风,父亲毅然决然离开机关,下海经商。

多去做这样的观察和思考,去看你所在的环境中的其他人,尤其是那些更"资深"的人,他们的状态是什么样的,会有助于我们做职业选择。

对职业角色的期待和一个人的自我天然一致的状态,我叫它"天然最优"。显然,"天然最优"是最不容易达到的,甚至是可遇而不可求的。

其实,在最优情况中,还有一种"动态最优",就是在我们的真实自我与职业角色有些不一致的情况下,通过一些方式,让它们"变得"一致。

给大家分享一种方式:立自己的人设,打破角色期待。

每个角色都有特定的行为准则、期望和规范。但是,这些准则、期望和规范,一定是"死"的吗?有没有可能存在变通性?

我有个朋友是公司的销售冠军。在大家刻板的印象中,做企业销售肯定要会喝酒,但他滴酒不沾,他给自己立了个人设叫"专业顾问型销售",

就是他能把业务讲得非常清楚，服务非常到位，也能够充分了解企业客户和企业关键决策人的真实诉求，遇到应酬的场合他就实话实说自己确实酒精过敏很严重，拒绝饮酒，而且坚持到后来，他在行业内都出名了，他就是那位不喝酒的某某某，这丝毫不影响他成为销售冠军。企业销售与关键决策人的私交当然很重要，但不一定非要通过喝酒的方式建立信任，可以有很多途径。

当然，这里提醒一下，人设是要立稳立全的。所谓立稳就是你不能跟大部分客户都说自己酒精过敏，遇到一家客户经不住劝，还是喝了，圈子很小的，人设崩起来也是很快的。所谓人设要立全，就是有所为有所不为，你不能只说我这也不干那也不干，这也不爽那也不爽，你还是得拿出自己的核心竞争力出来，能解决客户的关键诉求。

我们的职业角色肯定有一些相关的行为准则、期望和规范，我们要去了解哪些是表面的，哪些是本质的，比如销售要喝酒是表面的，销售要懂得满足企业和关键决策人的核心诉求，促成交易，这是本质的。表面上的准则和期待是可以变的，本质层面的是变不了的。

当然，之所以角色会被赋予各种各样的期待，可能是因为大家都这么做，历来都这么要求，路径是经过验证的。如果要打破固有的角色期待，你要能拿出一个足够漂亮的结果去证明——原来还可以这样。

能够让角色与自我保持一致是最好的，但现实常常没那么理想。

如果我们迫于种种原因，不得不做一些让我们"不那么舒服"的工作，怎么办？怎么让自己不那么痛苦呢？

面对这种"不那么舒服"的情况——我称之为"次优"情况——也是有解决方案的，我们可以"将角色作为策略"。

● 次优状态：将角色作为策略

当我们清楚地知道角色期待是什么样的，也知道真实自我是什么样的，就可以尝试将角色作为策略。

只是因为某些原因，你暂时性地在行动的层面做出了妥协，这是你主动选择的"策略"，而不是你的"本心"。

用这样的思考方式，至少在"自我觉察"和"自主选择"的层面，我们是真实的。不过，我们需要始终对这种策略保持觉察，这里给大家讲述两种心法。

"将角色作为策略"的第一个心法，是回归自主三角，即第四讲中的价值驱动、身份锚定和愿景引领。

自主三角能帮助你意识到，当下的妥协和痛苦，是暂时的，也是有意义的。

因为自主三角里的三个元素是相互影响和相互作用的，既然我们在探讨身份，那对于价值和愿景的思考，必然会对我们调和职场身份冲突有帮助。

先来看看核心价值。就是当下的不舒服和不一致，是不是能为你的核心价值服务。

当角色和自我发生冲突的时候，你要思考的是，这种冲突以及对冲突的忍耐，是不是能够帮你最终实现你想要的核心价值。

举个例子，我有一个同学，她是个"社恐"，她本来是去了一家企业文化跟她有些格格不入的金融机构，经常有应酬，而且应酬上免不了会遇到她很不喜欢的"吹彩虹屁"或是劝酒之类的情况。早期她评价这段职业给她带来的核心价值是：打下投资研究的基本功，丰富简历，让这家公司成为职业起点上漂亮的一笔，总体符合她想要的核心价值。于是，有一些应酬推不掉，她也暂时忍受了。后来，她基本功打好了，就果断辞职，也因为有了第一份工作经验的加持，她去了一家很有名的公司做二级市场的私募，担任分析师的角色，每天对着电脑的时间比对着人的时间多得多，她觉得可太爽了。当你知道自己想要什么时，自然就会知道自己应该**拒绝什么，也会知道自己可以策略性地容忍什么。**

接下来，我们再从愿景出发，评估一下，往更长远来看，这点妥协是不是值得的。

有时候，现实条件中，一些因素是为了实现你的愿景所必需的、非常重要的因素，而伴随着这些重要的因素，还有一些你不喜欢的因素，而且这些因素无法为你的愿景服务。这时候，为了实现你的愿景，你需要对这两种因素进行权衡，去判断对不喜欢因素的妥协是否值得。拿上面这位同学举例，她常常跟我们聊：等以后赚了钱要买什么样的房子，去哪里旅行，过一种什么样的生活——这些都是她的愿景，未来想要实现的图景。因此，我理解为什么她愿意屈从于这种短期的不适感，而不是轻易"裸辞"，因为一边在这里学东西，一边找更合适的机会，可以更好地帮助她实现自己的愿景。

中国历史上有很多这样的励志故事。春秋时期，越王勾践"卧薪尝胆二十年"，最后"三千越甲可吞吴"，中间的种种屈辱、痛苦与辛酸，勾践是怎么忍受过来的？

勾践的愿景是"灭掉吴国做霸主"，无奈实力悬殊。越国被吴国打败后，勾践给吴王夫差做仆人，受尽各种屈辱，连夫人也一起受辱。有多少人受得了这种持续的折磨？但他都咬牙挺过去了。回国后，他偷偷地卧薪尝胆，养精蓄锐，发展经济，训练军队。夫差多次试探他有无反抗之心，得出的结论都是：没有。常言道："君子报仇，十年不晚。"然而，二十年过去了，勾践还一动不动。这让夫差彻底放松了警惕，彻底认为越国是可靠的盟友，便放心大胆地把全部兵力调出去争霸天下，于是，都城空虚。勾践率领三千精兵，一举攻下吴国都城，夫差自杀，吴国被灭，霸主地位被越国取代。

关于愿景的部分我后面会再详细展开讲。这里先"剧透"一个重点：愿景是梦想，但不仅仅是梦想，它是把梦想具象化了的图景，这种具象化非常关键。有时候靠空洞的梦想来支撑会动力不足。如果能够形成一个梦想实现之后的具象画面，动力值就上来了。卧薪尝胆的故事从另一个侧面体现出具象化的力量：勾践不希望自己忘记过去的屈辱，他憋着一口气！如果他只是有一个"我曾经的屈辱不能白受"的念头，可能很快随着记忆越来越模糊，这个念头作为动力也就越来越弱。卧薪尝胆其实就是把曾经的痛苦具象化了，其力量不言而喻。当然，从心理健康的角度，我并不鼓励大家像勾践这样去具象化曾经的屈辱。教练技术有一项非常重要的"功能"，就是通过各种方式让未来那个理想的图景更具象化，让我们更有动力克服当下的困难。

"将角色作为策略"的第二个心法，可以参考科贝特提出的理论：丰富"人生合辑"（portfolio life）。

虽然我们可能醒着的一半时间都在工作，这一讲也着重在讲职业角色，但同时你也要意识到，人生是一个多面的、复杂的整体。如果把一个人的人生比作一张专辑，那么每个角色都只是其中的一首歌，职业、家庭、生活兴趣等等共同构成了完整的人生合辑。

因此，降低痛苦的方法，还可以是将关注点投注在其他可能发展的角色上，从不同的角色中获得不同的价值。这样，哪怕当前职业角色让你觉得不真实、不满意，但其他角色能满足真实自我的需求，那么整体上你也能感到自己是真实的。

我的一个朋友是个文学青年，他的微信朋友圈都是卡夫卡、黑塞、里尔克之类的内容。他的工作是什么呢？写短视频脚本，受众非常下沉。我问他是怎么适应的，他说，要还房贷，这份工作赚得多。我又问："那你的文学理想呢？"他说自己是个业余诗人，会在公众号上发表一些作品，偶尔还受邀参加一些讲座、分享会之类的，也挺好。

● 无奈状态：撤离

前面我们讲了两种避免职业角色和自我冲突的方法：第一是寻找能做

自己的工作；第二是如果无法做到，就把这种角色作为一种策略来看待。但是，如果这两种情况都满足不了，怎么办？

因为环境是复杂的，个体能够掌控的有限。所以，有时候，即使我们已经用尽全力，也依然无法让自己达到最优或者次优的情况。如果处在这种情况下，出于对你的身心健康的考虑，我还是建议你换个环境。

但从现实层面上讲，当就业环境不好时，就不能轻易地说"你辞职吧"，这是不负责任的。

当然，在有些特殊情况下，我确实会建议你考虑离开现在的工作环境。这也是我和团队反复斟酌了很长时间定下的两条预警指标。

第一条，遇到严重的身心健康问题，影响你正常的日常生活了。也就是说，当职业角色对你的身心造成伤害，甚至影响到你其他的人生角色时，辞职可能是一个保护和恢复健康的选择。

我有一个朋友在娱乐行业工作，工作性质是，只要有项目启动，就得白天黑夜连轴转，每天都在超高的压力下工作。几年下来，她发现，项目结束之后，半个月她都恢复不过来，体检指标一路"亮红灯"，还因为日常的焦虑而脱发，身体和精神都吃不消了。同时，因为她常常为了一个项目要连续消失几个月，所以她和她男朋友之间的关系也出现了一些问题。虽然喜欢这项工作，但最后她还是选择了辞职。

我遇见过一些来访者，他们待在父母身边，严重影响到了自身的身心健康，这个时候，适当保持距离，是一种选择，也是一种撤离。

第二条，当前的职业角色与核心价值有持续、严重的冲突。核心价值是一个人最看重的，也是很难作为策略的。持续、严重的冲突，就会对一个人的自我认知和价值感产生严重的负面影响。就像前文中所讲到的，面具戴久了，就找不到自己了。遇到职业角色与自己的核心价值有持续、严重的冲突的情况，要及时选择撤离，即使面对许多诱惑，也要义无反顾。

《生活的平衡之道：孔子思想与关系管理》中谈到孔子的一句名言："富与贵，是人之所欲也，不以其道得之，不处也。"（《论语·里仁》）喜欢富贵是人们共同的欲望，不是通过正道取得的富贵就不能要。《增广贤文》将孔子这段话表述为"君子爱财，取之有道"。道，就是孔子认同的价值观，当财和道发生严重冲突时，就要撤离，这种财就不要取了。

文天祥兵败被俘，敌方千方百计拉拢他、诱惑他，邀请他担任宰相，遭到文天祥严词拒绝。敌方后又威胁他：拒不归顺，死路一条。文天祥嗤之以鼻。虽然宰相是无数人梦寐以求的职位，虽然活着是常人本能的反应，但这与文天祥的核心价值"人生自古谁无死，留取丹心照汗青"严重冲突。怎样才能在历史上留下英名（照汗青）？一个正直勇敢、赤胆忠心的人（留取丹心）才可以。于是，文天祥选择了悲壮的撤退方式：从容就义。

● 没有什么是角色强加给我们的

法国著名哲学家让-保罗·萨特说："人注定是自由的。"我更喜欢另一个翻译：人是被判定为自由的。萨特认为，即便是一个没有自由的囚徒，他也可以选择在监狱里思考、写作。

同样，没有什么是角色强加于我们的。一切都是我们自己的选择。角色固然有其特定的行为准则、期望和规范，但成为什么样的角色、是否要遵守这些所谓"行为准则、期望和规范"、用什么样的心态去履行角色，这些都是我们自主选择的结果。

以上我们主要探讨了职业角色。其实，职业角色之外的其他角色，也可以作为策略。比如，我曾经也被母亲"催婚"，她虽没有很强势地要求我去相亲，但她觉得婚姻大事我怎么可以一点都不着急，对于我"结不结婚都无所谓"的态度，她非常焦虑。虽然"着急结婚"非我所愿，我也非常清楚，通过相亲是很难找到结婚对象的，但我还是选择去做一个"孝顺女儿"的角色，这个角色要求我顺着妈妈。作为一种策略，我选择频繁相亲，显得"其实我也急"，让妈妈看到我正在为推进终身大事而努力，这样，她就会少一些焦虑，少一些唠叨，我也比较安心和清净。但真实的自我却让我带着一种"观察人类"的心态去相亲，于是，我认识了一些有意思的人，其中一些还跟我成了不错的朋友。即便遇到了性格略显怪异的人（我的客户们称这群人为"奇葩相亲对象"），我也会带着好奇去了解一下：这个人为什么会成为今天的他。这样的观察，为我后来成为一个还不错的心理教练奠定了基础。

对于母亲的焦虑，通常的解读是："母亲逼我相亲，我没的选。"但我很清醒地知道，去不去相亲都是我自己的选择。我运用策略，调整好相亲心态，既维持了"孝顺女儿"的角色需要，又保持了真实的自我。

当然，如果选择的角色和真实的自我发生了严重的冲突，我会毫不犹豫坚持自我，哪怕这种坚持要以发生冲突为代价。

人是被判定为自由的！著名精神病学家欧文·亚隆在《存在主义心理治疗》一书中特别强调了这一点。他认为，我们有自由决定的权利，且需要为自己的决定承担责任。接受自己的决定是承担责任的第一步。

认清"没有什么是角色强加给我们的"，是进行"身份锚定"的重要前提，也是我们去思考自我与角色关系的关键环节。

对于任何角色，上面讨论的最优、次优、无奈三种状态都是适用的。首先，我们可以选择一种适合自己的角色；其次，我们可以把角色作为策略；最后，如果这个角色严重威胁到了我们的身心健康，我们可以放弃该角色。

总结一下，角色和真实自我的冲突，是造成我们内耗及幸福感下降的原因之一，因此，我们需要去觉察并尝试解决这种冲突。角色和真实自我能够保持一致为最优，能保持相对一致或动态一致为次优。在角色与真实自我无法保持一致的情况下，我们可以有意识地将角色和自我做一个划分，将角色作为一种"短期策略"，确保自己在整体和长远来看是符合自主三角的，通过这种方式来保持内在的稳定，进入次优状态。当然，如果遇到预警信号，要照顾好自己的身心健康，如果环境实在恶劣，有必要选择远离。

在人生中，找到角色与自我的平衡，是一个不断探索和调整的过程。无论是追求角色与自我的一致，还是寻求动态的最优解，关键都是了解真实的自我、坚持自我探索，让角色与自我相互促进、相互成长。

第六讲、第七讲中，我们着重于探索身份锚定的两个层面：自我与角色。之所以用"锚定"这个词，是因为我们需要清晰地认识并确信：我是一个怎样的人？我可以成为一个怎样的人？理想的状态是，我们可以结合自身的愿景，确信自己想要成为什么样的人。这一份"确信"，就是"锚定"的真正内涵。然而，身份锚定最大的挑战在于：在自我探索的过程中，我们会不断地受到外界的干扰，比如社会、他人、突发事件等等，导致我们分不清到底什么才是自己真正想要的价值，什么只是外界强加的期待。有时候，连我们自己的情绪都会干扰我们。接下来，我将带你探索如何提升自我分化水平，区分自己与他人，保持自我的稳定性。

第八讲
身份锚定：自我分化水平

在我们对自主三角的探索和思考中，常见的一个困难是我们容易受到他人的影响。这些他人可以是个体，比如伴侣、父母、领导或同事，也可以是群体，小到一个团队的文化，大到整个社会的风气。在他人的影响下，我们可能会分不清我们的自主三角中哪些是我们真正想要的，哪些是他人、社会所带来的，甚至是强加给我们转而影响我们人生的观念的。我们可能会陷入迷茫——我到底认同什么样的价值观？想要怎样的生活？我是怎样的人？想成为怎样的人？这使得我们在冲突和压力下更容易感到困惑、迷茫和焦虑，无法做出好的决策。

因此，我们有必要学习和练习如何区分自我与他人，让自己不受外界影响，保持自我的稳定和独立。

● 自我分化水平

心理学有个概念，叫作自我分化（differentiation of self），由心理学家、精神科医生莫瑞·鲍恩提出，它决定了一个人在多大程度上可以分辨情绪与理智、区分自我与他人。

自主三角模型中的身份锚定，有一个基础前提，是拥有较高的自我分化水平，能够坚持做自己想做的，免受情绪裹挟和他人的影响，这样才有可能真正知道——我是谁（身份）。

自我分化表现在两个层面：思维情感层面和人际关系层面。

思维情感层面上的自我分化，指的是平衡情感与思维过程能力的高低，即一个人能不能分辨自己的情绪和理智，不被情绪干扰。有些人之所以无法坚持自己的想法，是因为他们常常在做决定时被那一刻的情绪裹挟。而且人们常常会有很多"自我欺骗"的机制，不愿承认自己是情绪上头，找很多理由把冲动之下的决定合理化，然后对自己说：这就是我思考之后的结果。

我在高中的时候文科成绩非常突出，理科成绩平平。在高二文理分科的时候，我强行选择了理科，因为我身边很多人跟我说"学理科要特别聪明""智商平平就不要去学理科"，我心里很不服气，我觉得我足够聪明，一定要挑战一下自己。我因为文科成绩特别好，分科之后老师还坚持不懈地劝我改到文科班，说我选文科有很大机会上清华北大。我当时想出了很多理由说服自己、说服老师：比如理科选择专业面更广（其实我喜欢的专业都接受高考文科生），比如我理科成绩并不差，对理科分数提升有信心（事实上我高考理科成绩依旧平平）……总之，一个情绪化的决定，被我粉饰成了深思熟虑的结果。

这就是我一直对自己、对学员、对下属强调要经常思考自主三角的原因。当我们进入对价值、愿景、身份的思考时，情绪就会被理智的思考削弱，我们也就不容易做出情绪化的行为。

举个职场的例子。小A参加一个重要的工作会议，对某个方案提出了一个新想法，希望得到认可和支持，但有一位关键人物不赞成，不停地批评和质疑。小A本来对自己的想法很有信心，面对突如其来的批评和质疑，小A有一种强烈的被否定的感觉，感到愤怒和失望。小A坐不住了，当场反驳，甚至讽刺对方不懂专业，对方也受不了这个气，一拍桌子，走了。小A不但没拿到想要的支持，反而搞得很不愉快。这显然不是小A期待的结果，他也颇为懊恼。这就是由于小A在受到质疑时，被情绪裹挟，做出了不符合自主三角的行动。

中华传统文化讲"小怒数到十，大怒数到千"，其实就是希望我们能够在情绪上头的时候给自己一点时间先冷静一下，避免因冲动而做出让自己后悔的决定。

自我分化水平的高低还表现在人际关系层面：在人际交往中我们多大程度上可以做到"以我为主，求同存异"，是否能够在与他人建立联系的同时，仍保持自己的独立思考和独特观点，而不盲从他人或完全依赖他人的意见和决策，尤其是在这个人对你很有影响、很重要的时候，比如这个人是父母、伴侣、领导等等。

在我们的生活中有两种情况，它们看上去像是两个极端，但实际上都反映了较低的自我分化水平。

低自我分化水平的第一种情况，是过度推己及人。推己及人，是中华民族一直倡导的一种美德，它来自《论语》中孔子讲的"己所不欲，勿施于人"。为什么"推己及人"还有可能"过度"呢？

对于这个话题，《生活的平衡之道：孔子思想与关系管理》一书中有过论述。"己所不欲，勿施于人"，自己不喜欢的事情，就不要强加给别人。这句话有两个重点，一个是"欲"，喜欢；另一个是"施"，强加。于是，孔子这句名言就暗含着两个重要的前提。第一个是：这事别人也"不欲"。如果别人喜欢，就不存在"强加于人"这种现象了。第二个是："己所欲"，也不一定能"施于人"，因为自己喜欢的别人未必喜欢，"施"，强加，就不对了。

因此，过度的推己及人的第一个表现就是：在没有了解对方喜好的情况下，以为自己不喜欢的东西别人也不喜欢。

举个例子。有一家公司，在非洲新开了一个办事处，要从国内调几个人过去，得外派三年，其间不能回国，补贴也不多。领导把任务派到小组长老王这里，跟他说你们组也要出一个人过去。老王一想，自己刚结婚没多久，三年回不来肯定不合适，而且钱也没多少，自己肯定是不愿意去的。那找下属过去呢？老王压力也很大，很纠结。他想着：这破差事，我都不想去，其他人怎么愿意呢？"己所不欲，勿施于人"。想了半天，实在不知道怎么和下属开口，他最后去和领导交涉，说组里没人去，列了各种各样的原因。领导虽然很不高兴，但也没强求。过了一段时间，老王这组的小刘听说了这事感到很失落，因为小刘其实很希望能够去非洲，得知小组长把这"好差事"替他推了，他郁闷得捶胸顿足。

过度推己及人的第二个表现就是：在没有了解对方喜好的情况下，以为自己喜欢的东西别人也喜欢。

这种情况在家庭关系中最为普遍，就是所谓的"我是为你好"。不少人小时候都经历过，甚至长大了也在经历。比如，父母催婚的时候说："我是怕你老了之后没人照顾。"父母劝孩子考公务员的时候说："我是怕你工作不安稳，到时候风险多大啊。"孩子想要什么呢？不知道，不重要……在这种情况下，双方其实都很难受。"为你好"的一方，觉得自己操碎了心，对方还不领情。而另外一方，则是感到自己被指手画脚，没有自主权。实际上用我们前面讲到的概念来说，每个人的自主三角都是不一样的，所在意的事也都不同。因此，不管你是怎么想的，都不要强加到别人身上，代替别人做判断。

低自我分化水平的第二种情况，恰恰相反，是过度在意他人。不假思索地吸收他人的观点、想法和评价，甚至以为他人的感受就是自己的感受。比如在职场中，给领导发消息，两句话得想半天，担心是不是措辞不合适。发出去领导没回，立刻觉得自己是不是哪句说错了。如果别人和自己的想法不一样，那一定是别人的想法对。再比如，自己选择职业时，因为父母坚持说"这个好，这个很适合你，这个你一定会喜欢"，就觉得自己好像真的会喜欢、貌似真的很合适，不会过多思考。

这里强调一下，不是说只要在意他人、吸收他人的想法和评价就是自我分化水平低。反过来，也不是说完全不受他人影响，坚决不按他人的想法行动，就是自我分化水平高。比如一些以我为尊型的人，可能会呈现出别人说什么都不听的状态，你要我往东，我偏要往西，自以为好酷、好叛逆、好有想法，但这恰恰是自我分化水平低的表现。

高自我分化水平的人，有可能也是在意他人的，关键在于这种在意是不是这个人经过思考自主选择的。比如，有些人很在意和周围人的关系，因为这样他会感觉舒服，所以会花很多时间去维护关系。他非常重视友谊，愿意向朋友伸出援手，遇到难题时也会向朋友们寻求建议，所有建议他都会进行思考和消化，不会全盘接受。这就是高自我分化水平的表现。

自我分化水平非常重要。高自我分化水平的人，思考和行为方式既灵活又自主，而低自我分化水平的人，往往既不灵活也不自主。

如何提升自我分化水平

怎么提升自我分化水平？我们可以从情绪、认知、行动这三个层面下功夫。

第一个层面：情绪

避免让情绪驱使行动。情绪"上头"的时候，我们往往容易做出不理性的决策。有三种特别典型的容易支配行动的情绪：内疚、愤怒、羞耻。

在感到这些情绪时，建议你格外注意。

第一种容易支配行动的情绪是内疚。内疚，是一个人感到自己做出了不符合自己行为标准的行动，造成了损害的时候所感到的情绪。有时，内疚能够让我们积极做出行动，弥补错误；但有些时候，内疚也会让我们过于急切地想要"做些什么"，而失去对于现状的客观评估。

比如，一名团队成员因为个人疏忽导致了一项重要任务的延误。出于内疚，他没有选择求助，而是一心想着如何弥补，于是加班加点，连夜努力完成任务。但是由于过度疲劳和时间压力，他又忙中出错，反而让其他团队成员付出更多时间来改正。看上去是一个很有责任心的表现，为什么结果适得其反呢？因为一个人是否感到内疚，是基于自身的行为标准，所以有些时候内疚所驱使的行动，只是为了让自己感受好一些，并不是基于目标所做出的行为，很可能和实际情况背道而驰。

我有一位来访者，她在女儿小的时候，由于工作关系，大部分时间不在女儿身边，缺席了女儿的童年，这让她非常内疚。后来，她有时间了，就把大量的时间花在女儿身上，帮女儿找补习老师，指定出国读名校的计划，找中介，等等，全部包办，甚至都没有问过女儿是不是想出国。她来找我是因为她女儿对她非常冷漠，不愿跟她交流，母女二人还因为要不要出国读书的事引发了剧烈的争吵，她觉得女儿不能体谅她的苦心。事实上，她的"苦心"是为了补偿自己对女儿的内疚感，这就是为什么她的行动看上去都是为女儿，但她却对女儿想要什么一无所知。

第二种容易支配行动的情绪是愤怒。当我们的边界受到侵犯，当我们遭受不公平对待的时候，我们常常会愤怒。这个时候，愤怒是能保护我们免受伤害的。

而有些时候，我们的愤怒来自"讨厌被否定"或"急于证明自己是对的"。这时，愤怒不仅不能保护我们，还可能让我们做出会后悔的决策。

明朝有一个饱受诟病的皇帝——明英宗朱祁镇，很多影视剧都拍过这个角色，因为他的经历实在是太具有戏剧性了。朱祁镇在毫无战争经验的情况下，御驾亲征，带着五十万大军要与强大的蒙古瓦剌军拼杀。如果他战死沙场，倒也是个壮烈的故事，但朱祁镇实在太过愚笨了，不仅葬送了几十万大军的性命，自己还被俘虏了。瓦剌大军拿着皇帝要挟明朝廷，要钱、要地……朱祁镇以一己之力把整个大明拖入了近乎灭国的境地。

那么问题来了，这个二十多岁的皇帝究竟为什么这么不知天高地厚，非要御驾亲征呢？

从朱祁镇的视角看，他爹朱瞻基是一代雄主，能征善战。但在他九岁那年，父亲朱瞻基暴毙，朱祁镇继位，相当于非常优秀的董事长突然离世，九岁的儿子被高管们扶成了新任董事长。高管们是什么心态呢？肯定觉得：这小屁孩懂什么。偏偏朱祁镇还自幼体弱多病，很多大臣都不太拿他当回事。朱祁镇心里一直憋着一股怒气："你们觉得我还是个孩子，不重视我，是吗？我偏要证明自己。"这股怒气在瓦剌进犯边境时就被点燃了。他被情绪裹挟的时候，还以为自己御驾亲征是出于民族大义，心里可能还特别自豪。在愤怒、上头的时候做了一个鲁莽的决策，让他悔恨终身。

第三种容易支配行动的情绪是羞耻。一个人在感觉自己不光彩、没价值的时候，想要把自己藏起来，这种感觉就是羞耻。

朱祁镇的错误决策，不仅来源于愤怒，也来源于羞耻。朱祁镇当时身边能干的文臣武将是不少的，很多人都反对他御驾亲征，但没有用啊！本来，他完全可以向一代名臣于谦寻求建议，于谦文武双全，既清廉又爱国，"粉骨碎身浑不怕，要留清白在人间"是他的座右铭。但朱祁镇没有这么做，他最后听的是谁的建议？王振，一个没有任何军事基础、带兵能力和战争经验的太监。王振从小陪他长大，在朱祁镇看来，他们是一个阵营里的。

朱祁镇真的傻到那个程度，不知道王振不会打仗吗？不是的。试想一下，如果他听那些看不上他的大臣的意见，在他看来，就意味着承认自己不行，承认自己需要帮助。这种羞耻驱使他做出了明眼人一看就知道不合理的决定。

羞耻导致的错误在我们生活中也是很多的。它常常驱动着一个人隐藏和逃避，极力避免自己"不好"的部分被暴露在外。不少人犯了错、造成损失之后，不是选择及时汇报、止损，而是选择否认、隐瞒，这常常就是羞耻感在背后驱动。

当我们感到要被激烈的情绪控制，无法做出正确决策的时候，该怎么办？

在情绪上头的时候，先不要做重大决策。分享一个我常用的技术：找一位"导师"聊一聊。这是教练技术中常用的方式，你可以想象，关于这件事，谁可以成为你的"导师"。

你甚至不用真的去联系他,只是站在他的角度思考:假如他面对同样的处境,他会如何应对?因此,这位导师甚至可以是古人、名人……当你情绪上头,正想要做一些重要决定的时候,问问自己:"关于这件事,谁能给我建设性的意见?如果这个时候他在我身边,他会对我说什么?"

刻意练习这种想象是很有必要的,情绪上头的时候,我们未必能马上找到合适的人沟通,他们也未必能够真的让我们的情绪平复下来。比如你找父母抱怨,有可能父母反过来批评你一顿,或者你向好朋友吐槽,他们跟着你一起吐槽,让你觉得:是啊,我真的是很惨,我老板绝对就是在PUA我,越想越气……再次强调一下,在提升自我分化水平的时候,并不是要极端地隔绝他人意见和建议,而是要知道自己真正需要的是什么,把他人的建议作为我们的参考。

我一直很喜欢苏轼,我觉得自己陷入负面情绪的时候就会问自己,如果苏轼在我身边,他会怎么劝我。他可能会说:"吃顿肉,喝喝酒就过去了。"

我很喜欢苏轼的一首诗:"庐山烟雨浙江潮,未至千般恨不消。到得还来别无事,庐山烟雨浙江潮。"庐山神秘的烟雨啊!钱塘江宏伟的潮汐啊!没有看过时,遗憾不已,无限向往。到了山上,亲临江边,心情复归平静:这就是庐山烟雨,这就是钱塘江潮水。这首诗的最后一句有两种理解,是达到目标后的两种心情:庐山烟雨浙江潮不过如此,庐山烟雨浙江潮原来如此。

我是个俗人,心中一直有很多想要追求的世俗目标,和苏轼一样,我内心有自己想要去看的"庐山烟雨浙江潮"。有的时候，事情不如我所愿，我心中也会有困顿，这个时候，这首诗似乎成了我自我安慰的"暗语"。我想要全力以赴的时候，会告诉自己我要去看看"庐山烟雨浙江潮"，否则我会有遗憾；倘若我尽力了，但事与愿违，我会对自己说，就算我达成了这些目标，有一天，我有幸站在理想的终点，无非是两种心情，可能会觉得不过如此，或者可能会觉得原来如此。就像苏轼平静地说："这就是'庐山烟雨浙江潮'。"于是，我的情绪就复归平静了。

第二个层面：认知

要提升自我分化水平，我们就需要在认知上主动区隔"我"和"他"。

心理学上有一个经典的概念，叫作"投射"。就是说，每一个人或多或少都会基于自己的个人经验来理解外部世界。每个人都会将自己个人的情感、好恶像投影一样投射到他人身上。无论是他人看待你，还是你看待他人，都会受到人们自身的经历、价值观和偏见的影响。因此，当我们接受他人的观点或看法时，要意识到，这些观点并不代表绝对的真理，而是对他们自己的投射。通过意识到这一点，我们可以更好地保持自己的独立性和自主性。

有一种方法，就是在接收他人的观点的时候，学会给语言加上主语，并且分析背后的原因，这样你就不会在无意识中盲目地听从他人。

可以使用这样的句式：

他觉得 ＿＿＿＿＿＿＿＿＿＿＿＿，**因为他** ＿＿＿＿＿＿＿＿＿＿＿＿。

我觉得 ＿＿＿＿＿＿＿＿＿＿＿＿，**因为我** ＿＿＿＿＿＿＿＿＿＿＿＿。

回到第 126 页小 A 的例子，小 A 在想法被质疑的时候，下意识地觉得："我被质疑了，他们在攻击我。"给语言加上主语，主语发生转换之后会怎么样？"财务觉得这个方案不行，因为成本太高，他要卡成本；运营觉得这个方案不行，因为他是执行人，这个方案会增加他的工作量；我觉得这个方案好，因为我是负责人，这个方案最后有希望提升业绩。"通过这样的思考，小 A 就能够发现，其他同事的质疑并不是针对自己，他们之所以观点不同，是因为立场不同、诉求不同。

当然，挖掘不同人不同行为背后的动因也是需要能力和方法的，关于这一点我会在第十一讲、第十二讲进一步展开讲。

拿明英宗朱祁镇打比方，如果我有机会给朱祁镇做心理教练的话，除了我前面说的"警惕情绪和情绪背后的原因"这一点之外，我还会去帮助他打破一个认知：只有能打胜仗的皇帝才是优秀的皇帝。他是有这样一个固有认知的，这可能是因为整个明朝的开局就是连续几代能征善战的雄主构成的，朱元璋多能打就不用说了，中国历史上的统一战争，大都是从北打到南的，而朱元璋是第一个从南打到北统一天下的人。朱允炆不太能打，就被能征善战的叔叔朱棣赶下台了，而且朱棣继位后经常御驾亲征，最后是死在亲征的路上。朱祁镇的亲爹朱瞻基也是军事奇才，喜欢御驾亲征。就连看似敦厚的仁宗朱高炽，也就是朱祁镇的爷爷，也曾有过指挥区区万人抵抗住五十万敌军围攻的守城壮举。我想，朱祁镇从小到大就没少听祖祖辈辈征战沙场的光辉事迹，可能还伴随着身边人崇拜的眼神，这就给朱祁镇心里埋下了一颗种子——受人尊重的帝王一定要特别能打。这种过高预期可能也压得朱祁镇喘不过气,让他特别在意自己会不会打仗这事。

区分自己和某个他人的意见还是相对容易的,但要区分自己和一个集体或社会的观念时,我们需要花更长时间去思考,需要更多地用自主三角来坚定自我。比如,父母催婚,是他人的意见,"一个女人如果不结婚,就是不完整的,甚至是失败的"就是一个集体性的观念。如果太多人都持有一种偏见的时候,偏见也会被我们误以为是"真理"。我们前面介绍过自主三角中的价值驱动,但我们到底以什么为核心价值,往往受到了整个社会的影响。

弗洛姆的观点或许会对我们有所启发,他认为,资本主义的经济活动把我们每个人都变成了"巨大经济机器上的一个齿轮",为了让这台经济机器更好地运作,成功、金钱成了人们的"目的",人们正被动地追求着这些虚妄的目的,争先恐后地成为更有用的"齿轮",人们用是否成功、是否获得资本来评价自我和他人,就像在评价一件商品。其实,每个人都有自己的特质,没有所谓好坏。但我们会觉得有些特质是好的,比如勤劳勇敢;有些特质是坏的,比如懒惰拖延。我们之所以会给自己和他人贴上这些正面或负面的标签,正是因为我们并不是在形容一个人的特质,而是像在衡量一件商品到底有没有价值一样去评判一个人。很多人的自信、自我感的来源是别人对自己的评判,他们没办法真正发自内心地认为自己有价值。如果一个人受人追捧、有声望、有钱有势,那他便是个人物,便有价值;如果他默默无闻,他便什么也不是。但这个标准又是怎么来的呢?这个标准本质上是基于一个人在多大程度上对这台资本机器是有用的。[1]

人们在封建社会可能被皇权奴役、被统治者奴役，现在看似自由的我们，客观上可能被一些"非自我目的"奴役，希望成为这台经济机器中的一个更有用的零件，我们却满心以为这就是我们所坚信的价值观。

《庄子》的"齐物论"提出了更高的要求：吾丧我。用在提升自我分化水平，就是需要在认知上主动区隔"吾"和"我"。这里的"吾"，指真我、大我；这里的"我"，指自私的我、小我。"我"，在字形上就是一个人拿着一把"戈"，和别人斗，保护自己。当真我、大我丢弃自私的我、小我时，这个人就是一个纯粹的人，一个真人。

第三个层面：行动

要提升自我分化水平，还需要在行动上刻意练习，毕竟"实践是检验真理的唯一标准"。

当我们面临困难或决策时，我们先确认自己并没有"情绪化"，没有过度依赖他人的意见，也没有受到他人意志的左右，而是出于真正的自主性，做出了相应的决策，那这个决策一定是要付诸行动的，通过亲身经历和实践，我们才能有更强的自信心和自主性，知道"我确实是可以按照自己的想法去思考和行动的"。

我有一位学长在互联网行业做得风生水起，在他本科毕业的时候，互联网才刚刚兴起，他的父母、亲戚、老师因不了解行情，都觉得互联网公

---

[1] 引述自弗洛姆：《逃避自由》，刘林海译，人民文学出版社，2018，第73-80页。

司存在很大的风险，一直劝他别做这一行。再加上他也有其他选择，手上有国企、外企的录用通知，工资都比互联网行业要高。但他深思熟虑之后，觉得互联网行业未来的机会还是更大，作为职场新人或许能有弯道超车的机会，因此他最终选择了去互联网企业。他也确实踩中了互联网发展的风口，证明自己的决定是非常正确的。

那是不是意味着每一次行动最终一定要"成功"才能提升自我分化水平呢？也不是。实际上，哪怕自主决定的结果不如预期，只要你能承担最终的结果，自我分化水平就能上升。那位学长给了自己三年的"实践验证期"，就是说如果三年之后这个行业或者这家公司还起不来，就承认自己决策失误，重新找大企业的工作。兜得住结果，也能提升自我分化水平。

我们后面有一讲会详细聊聊与"承诺行动"相关的话题，这里就不展开讲了。

在情绪、认知和行为三个层面上提升自我分化水平，能够让我们不容易受他人影响，保持自主性和独立性，做出更明智的决策。从长远来看，自我分化水平的提升也能帮助你建立更健康、更积极的工作关系，取得更好的职业发展和成果。当然，自我分化水平的提升需要一个过程。之后，我会具体讲一些能够帮助我们提升自我分化水平的场景和方法。

第九讲

规则分化：从"不得不"到"我想要"

上一讲我们讲了自我分化水平，接下来讲两种最常见的无法区分自我与他人的情况。一种是面对权威和规则的盲从（第九讲），另一种则是过度承担责任（第十讲）。

之所以把权威和规则放在一起讲，是因为一个人受两者影响的原因以及调整的方式往往是相似的。

权威，是具有影响他人的能力和权利的人。在我们的童年时期，权威可能是父母、老师或者其他长辈。在职场中，权威可能是领导和其他有着更高的决策权和影响力的人。权威也可能是某个方面的专家，他们的能力、经验，以及过去的成绩让他们在自己的专业领域更受认可，也有了更高的话语权。

盲从权威的情况是很常见的，哪怕是非常厉害的人，也可能有过盲从权威的经历。

梁启超说，中国历史上有两个半圣人，一个是孔子，一个是王阳明，半个是曾国藩。王阳明就曾经做过一件令人啼笑皆非的事。他年轻的时候就有很远大的抱负——要做圣人。他还拜访过一些当时的意见领袖，比如著名的理学大师娄谅。王阳明得出一个结论：圣人必可学而至，就是要当圣人是可以通过学习来达到的。学谁呢？当时的意见领袖都说要学朱熹，朱熹就是比那些意见领袖更高的权威。

怎么学呢？嘴上说肯定不行，他要行动起来。朱熹特别强调"格物致知"的重要性，就是研究事物的原理，从而获得知识。王阳明就想：那我也研究点东西吧。研究什么呢？我家竹子多，不如我研究一下竹子吧。于是，他就天天盯着竹子看来看去，说自己要"格"竹子，"格"了七天，天天对着竹子，但什么都没研究出来，后来还生了一场大病。

除盲从权威之外，我们还很容易盲从规则，这里说的规则远不止写在纸面上的制度规定，比如考勤制度等，还包括了某个环境中约定俗成的一些行为规范、文化氛围、价值导向。

我们经常听到这种话："大家都这样啊！""之前我们都是这么做的呀！""公司创立以来就是这样。"……但是，正如鲁迅先生所说："从来如此，便对吗？"

前面讲过一个例子，一个不会喝酒的企业销售通过立人设、打造核心竞争力，一样可以成为销售冠军，即便"企业销售都要会喝酒"这可能已经是个行业潜规则了，但从来如此，便对吗？

● 我们为什么会盲从

虽然我们内心知道不要盲从，但奈何有时就是做不到啊！我们明知道权威和规则让自己不舒服、不喜欢，甚至是不对的，但依然会选择听从，甚至给自己洗脑，说服自己这样是好的、对的。

这是为什么呢？

这来源于我们内心深处的一种对"自由"的恐惧。我们总觉得人类天然地渴望自由，即便是在封建王朝统治下的古代中国，也有一句谚语叫："兽恶其网，民恶其上。"意思是野兽憎恶控制它们的捕兽网，民众憎恶管束他们的统治者。然而，人却有一种逃避自由的倾向，因为自由给我们带来独立思考和理性的同时，也会让我们感到孤独，缺乏归属感和安全感。对此，著名哲学家、心理学家艾里希·弗洛姆在他的著作《逃避自由》中有深入的阐释。

归属感和安全感，对一个人来说是极其重要的。

从进化的角度上看，远古时期，人类的生存繁衍必须依赖群体的保护和支持。那些触怒了首领（也就是权威），或是违反了规则的远古人，常常会被逐出部落，最终的结果往往是冻死、饿死，或是被野兽吃掉。在几百万年的进化过程中，对归属感的需求，被刻在了人的基因中。

久而久之，人形成了一种对孤独的天然恐惧，在这种恐惧的驱使下，一个人容易不假思索地就服从规则、服从权威，从而获得安全感和归属感，哪怕这种归属感和安全感是虚妄的。

与此同时，臣服规则和权威还可以让我们逃避自主选择和自由意识带来的责任。

如果问一个人："你想不想要自由？"得到的回答多半是："想。"

我们想要自由，意味着我们希望摆脱束缚。希望家长不要指手画脚，希望领导不要管那么多，希望环境中不要有那么多条条框框影响自己发挥。但是，一旦脱离这些束缚，虽然开始会感到一瞬间的快乐，但随之而来的可能是恐慌。

很多人在职场会有这样一种体验：感觉上级不授权，觉得自己没办法展开拳脚，然而，当上级真的放权了，可以完全由自己主导的时候，却不免有些慌张，即便刚开始很开心，觉得"我终于可以自主地做一个项目了"，但做了一段时间就会产生很多疑问：继续这样做行不行啊？出事不会是我背锅吧？然后，又反复去请示上级才心安。

我有一个朋友，他在一家媒体公司做编辑，觉得老板总是提各种不合理的要求，公司制度也一塌糊涂。于是，他就辞职出来做自由撰稿人了。但是，做了一段时间之后他发现，他要自己和甲方谈判、沟通，自己去找活干，所有稿子都要自己负责了。原先稿子被客户批了，他还能说是老板的责任，但是现在只能是他自己承受结果。随之而来的焦虑、痛苦，比他在公司时只增不减。

在我的一对一心理教练经验中，有不少客户会把大量精力放在权威的意见或与权威的冲突上，比如："父母希望我……""领导希望我……""父母控制我，他们不允许我……所以我很痛苦。""领导对我有偏见，我和领导有矛盾，所以他对我处处挑刺，导致我工作感受很差。"还有一些客户会很清醒地对我说："虽然我知道上级有些强势、固执己见是挺常见的情况，换一家公司可能也是这样，但我就是非常不舒服。"当我们深入探索之后，往往会发现，把注意力放在"权威"身上，很有可能是潜意识里在逃避一个更深层的问题，比如：我其实不确定这个方向是不是值得我追求的；我对未来很迷茫，想不清楚该怎么改变；我不想要强势的父母、上级，他们总是试图控制我、让我按他们的想法来行动，但我又不知道想要一个什么样的人生。

我们有时候为了回避真正的问题，会把矛头指向一个看似比较激烈的表象问题，比如"我和领导关系不好""父母控制我"，因为潜意识里我们知道，假如我和领导关系好了、父母不再干涉我了，那我即将面临更复杂的思考和决策，面临更大的议题——我究竟将何去何从。

这就是自由的代价。摆脱束缚的同时，也意味着你要开始为自己做出决定。你会发现：原来世界上有这么多选项，原来我要为自己的行为负责，不然我就要因此付出代价。以我为尊型的人往往会使用一种逃避机制——一味地对抗规则和权威；而社会规范型的人则容易使用另一种逃避机制——盲目地服从规则和权威。前者往往还会在强烈的怨气下服从权威，造成一种"都是你们逼我的""我不得不这么做"的幻象。

因为，潜意识中，我们认为只要服从规则和权威，我们就是"安全的""不用负责的"。听老板的话，结果工作成果不好，虽然可能会被批评，但心里想："是老板要求的，我不得不这么做，我也没办法。"听父母的话选了不喜欢的工作，虽然干得不开心、挣钱少，但心里想："是父母逼我选的，我不得不这么做，我也没办法。"

这些"不得不"背后的潜台词，实际上说的是"这不是我的问题，是老板或父母的问题"。

虽然在一些情况下，规则和权威确实会非常强硬地去压制个人，但同时——相信你也能感觉到——也有非常多的情况下，我们感到被权威和规则控制、束缚，并不是真的因为它们有多大的威力，而是我们因为害怕承担自由的代价，所以有意无意地将选择权、决定权交给了别人。

但最终，将自由让渡给权威和规则，并不能让我们逃避承担后果，这个世界上，最终只有我们自己可以为自己负责。如果你把所有决策交给上级，只做个听话的执行者，那么当公司裁员的时候，你还是可能变成那个公司眼中可有可无的人，失去工作机会。

我们每个人内心都有追求自主和自由的渴望，因此，当我们出于恐惧而逃避自由的时候，还是会持续地面对自我意愿和外界选择之间的冲突，纠结和痛苦并不会因此停止。

● 如何避免盲从

那我们应该怎么办呢？

通常，我们在说自己"不自由"的时候，"自由"这个词指代的是"脱离外界束缚"，弗洛姆把这种自由叫作"消极自由"。弗洛姆认为，实现消极自由的人"已经摆脱了不能随心所欲地行动和思考的外在约束,因此,只要他确已了解他所想要的、思考的和感知的东西,他就可以按照他自己的意志行事。但问题在于,他对他所想要的、思考的和感知的东西根本就不了解。他被一种无名的权威摆布着,他自以为是的那个自我,根本就不是他的自我"。[1]

还有一种自由叫"积极自由"。积极自由指的是拥有自我力量而获得的自由,是对自主状态的主动追求——不是为了"摆脱什么",而是为了"追求什么"。弗洛姆是这样描述积极自由的:"我们相信,总有一种积极的自由状态存在;发展自由的过程并不构成一种恶性的循环;人完全可以做到既自由又不孤独,既具有批判的眼光又不怀疑一切,既独立又不与世界相脱离。这种自由只有通过实现他的自我,使他成为他自己才能获得。"[2]

弗洛姆认为,人因为害怕孤独、渴望联结等原因,事实上无法承受消极自由(摆脱束缚)所带来的负担,所以,他们会逃避自由,而他给出的解法是——化消极自由为积极自由。拥有积极自由,意味着一个人能够听从自身的意愿和判断,做出属于自己的选择。在积极自由的状态下,一个人能够承担自主选择所带来的压力和责任,明白这个选择对自己意味着什么,并能对它感到自信。从结果看,最终选择服从还是不服从权威和规则不是

---

[1] 引自黄颂杰主编《弗洛姆著作精选——人性·社会·拯救》,上海人民出版社,1989,第94-95页。
[2] 引自黄颂杰主编《弗洛姆著作精选——人性·社会·拯救》,上海人民出版社,1989,第96页。

关键，关键是做出决定的过程。

积极自由也意味着一个人真正把自我从权威和规则中分化出来。前面说过，因"摆脱束缚"而获得的消极自由，有时候会让人感到孤独，产生无力感。但积极自由不仅不会让人变得孤立无援，还能带来积极、健康的归属和联结。因为在关系中，每个人都是真诚平等、自主选择的，在这样的前提下，才有可能建立深入和有意义的关系。

四百多年前，明朝嘉靖年间有两位名臣，就做出了不同意义的积极自由的选择。

其中一位就是著名的清官海瑞。中国历史上清官有不少，为什么海瑞特别出名？是因为在当时那个环境，他要遗世而独立，不跟污浊的官场同流合污，是非常难的。

我用职场的语言来讲这个故事。当时的董事长嘉靖皇帝多年不上朝，例会都不开，整天见不着人。这位董事长放权给总经理严嵩。先不评论严嵩的是非功过，他业务能力确实很强，但管理上有个不好的特点，就是重要岗位只用"自己人"。严嵩掌握人事任免权之后，公司基本都是他信任和喜欢的员工，如果跟他关系比较远，那肯定没有升职的机会，这就导致很多下属对严嵩各种花式溜须拍马。

海瑞别说溜须拍马了，简直是明着"硬刚"总经理和董事长，领导做得过分了他就直言不讳提建议。当年，他还在分公司（淳安知县）做负责人的时候，有个总部高管来分公司视察（严嵩的党羽鄢懋卿路过淳安），如果换成其他分公司负责人，肯定好酒好菜按五星级酒店标准招待，但海瑞只请他在食堂随便吃了点东西，还特别看不惯对方摆排场，说："我们这儿地方小，你这么多豪车，没地方停，别开过来了。"

同一时期，另一位名臣胡宗宪，做出了跟海瑞截然不同的选择。

他权衡了一下，自己负责的事很重要，最重要的是驻守边防，抗击倭寇，他觉得这些事确实非常有价值，利国利民，他想做！他也需要这个平台和资源的支持，他非常清楚留下来好好发展，可以实现自己的理想，但要在这家企业实现理想，最简单、直接的方式还是要先成为总经理的"自己人"。胡宗宪能力很强，情商又高，对总经理又尊重，开口闭口就说"您是我的引路人，我的恩师"之类的，那总经理肯定是非常喜欢他啊，很多资源也会给他。

海瑞很"刚"，坚决抵制职场一切不公正的行为，而胡宗宪选择亲近严嵩。为什么我还说他们都做出了"积极自由"的选择呢？因为他们都是基于自己重视的核心价值做出的选择，没有对错，虽然他们对总经理的表现和态度有天壤之别，但他们都是自主的，是积极自由的，他们都非常清楚自己想要实现的价值、身份和愿景，也为此做出了自己的选择，而每个选择，也都有相应的代价，他们也都为自己的选择付出了代价。海瑞的代价是穷困潦倒一生，还差点丧命。胡宗宪的代价是严嵩倒台后遭到牵连，其行为也受到有些史学家的诟病。

积极自由本质上也是"自主"的，不论最终行为是选择遵守规则还是反抗规则，都不是为盲从而盲从或为反抗而反抗。即使在军令如山的战争年代，也可以追求积极自由。当然，这个风险很大，要慎之又慎，因为这种自由很可能是以生命为代价的。《孙子兵法》主张，在特殊情况下，"君命有所不受"。当然，这有重要前提。第一，必须是"能将"，将军既有必胜信心，还有取胜能力。如果不听君王指挥，还打了败仗，是要负全责的。第二，必须是"贤将"，将军敢于担当，有牺牲精神：赢，是君王的福分；输，是自己的责任。第三，必须是"明君"，君王要豁达开明、真正授权，否则，将军千万不要不受君命：赢了彰显君王的"无能"，输了会因不服从管理造成利益受损，直接被降罪。第四，必须是"有所"，要慎用"君命不受"，因为每用一次，君王对将军的信任度就下降一次，当信任度降到一定程度，将军要么解甲归田，要么会引来杀身之祸[1]。

这个道理在职场也是一样的。

● 自主三角与积极自由

深入思考自主三角有利于我们获得积极自由。

还是用职业场景举例。在职业语境中，老板是一个典型的权威角色，因此，在公司我们常常有不自由的感觉。即便并不是只有被动接受命令或规则这一条路，但怎么看都带有一种"不得不"的被动。很多人会急于追求一种消极自由，就是直接摆脱职场的束缚，"裸辞"！没想清楚自己想要什么，不知道辞职之后要做什么，总之，先把自己感觉不想要的这份工作

---

1 引述自汤超义：《掌控人生主动权：孙子兵法与人生战略》，上海财经大学出版社，2018，第26–27页。

推开。那么，与之相对应的积极自由是怎样的呢？如果想清楚了自己要什么，辞职是为了去获得自己想要的人生，那就是一种积极自由。可能有读者会问：如果我确实需要这份工作，作为一个"卑微求生"的打工人，我能获得积极自由吗？

可以！

举一个具体场景的例子。当老板下达了一个任务，先想一下：他为什么要下达这个任务？想要达成的结果是什么？然后，再看自己的自主三角：这个任务，对于我的价值是什么？和我的身份有哪些关联？两者之间的契合度有多高？对于实现我的愿景有什么样的帮助？如果你最终认同这个指示，那这个指示，就从一件你"不得不"做的事，变成了一件你"想要"做的事。你的行为本身，也从"被动服从"，变成了"主动一致"。这个时候，你不光要"做"，还可以"主动地做"，做了还要主动地寻求反馈和意见。

如果你思考下来，上级想要的和你想要的不一致，怎么办？可不可以质疑和挑战？当然可以。我们在面对权威和规则时，可以勇于质疑和挑战，不轻易接受表面的权威性和合理性，而是自己深入思考并提出有针对性的问题，寻求更多的解答。

我建议你从小事情开始练习，选择一些相对容易接受的问题，并提出自己的看法或不同的观点。这样你更容易成功。具体到行动上，我为你总结了四个步骤。

● 挑战权威四步法

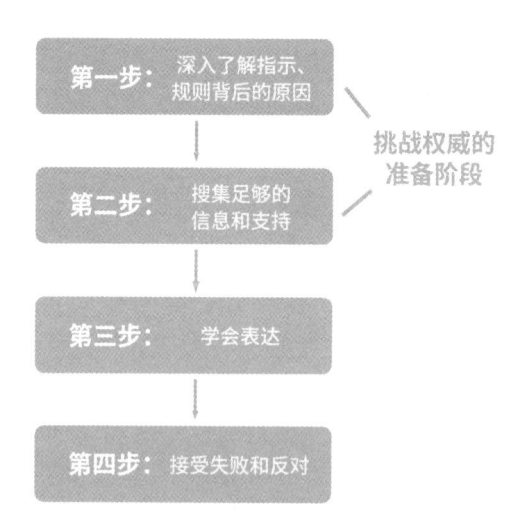

```
第一步：深入了解指示、规则背后的原因
         ↓                                挑战权威的
第二步：搜集足够的信息和支持              准备阶段
         ↓
第三步：学会表达
         ↓
第四步：接受失败和反对
```

第一步，是深入了解指示、规则背后的原因。

这一步实际上在前面 why 的部分，应该已经思考过了。

第二步，是搜集足够的信息和支持。

可以是他人的支持观点，也可以是相应的专业知识、案例、经验。当你具备更多的知识和经验时，你将更有自信地去质疑和挑战，因为你有更多的支撑和依据。当然，有一些信息本身，是在沟通过程中逐渐浮现的。

这两步，我称之为挑战权威的准备阶段。

第三步，是学会表达。

用合适的方式表达自己的观点和质疑。在第三讲中我讲过，面对不同心智模式的人，需要采取不同的表达方式，提高成功率。关于如何去表达和谈判，我会在第十二讲里与矛盾调和相关的内容里更加详细地展开讲。

第四步，是接受失败和反对。

你要清楚，自己不是为了质疑而质疑，不是为了挑战而挑战。你可能在过程中发现，自己的质疑和挑战实际上依据不足，或者思考不完整，这都是很正常的事，接受它。也有可能对方非常强硬，哪怕在你有理有据的情况下，你依然失败了，不过，这并非常态，并不意味着保持疑问本身是不应该的。

跟大家分享一个真实的例子。我的一个客户是一家企业的中层，来找我吐槽，说公司很多制度很不合理，从考勤到绩效再到晋升，桩桩件件的事对她都有一些不利影响。这些问题，很多人跟人事负责人提过，都石沉大海了。她想，跟人事负责人提没用，就跟总经理提意见。但她非常犹豫，既想为自己争取更公平合理的规则和制度，又怕总经理觉得她事多，也怕被拒绝。

我问她："你觉得自己的诉求合理吗？"她毫不犹豫地说："非常合理。"我又问："如果制度能往你想要的方向发展，对你有什么价值吗？"

她又滔滔不绝地说了很多，但说到最后她还是叹了口气："我担心因为我指出这些不合理的地方，总经理会对我印象不好，而且我怕他会拒绝我。"

这就是一个典型的案例，可以用到上面这些建议，挑战自己的舒适圈。

她本身是个社会规范型的员工，几乎从来不挑战权威。她首先需要意识到，为了给自己争取合理利益而挑战权威是没问题的，并不是什么"大逆不道"的事。其次，她可以寻找支持者，看看是不是还有其他人觉得这些制度、政策不合理，她也可以同时了解权威制定这些制度、政策的动机，关于这一点，她可以去咨询人事负责人或者其他知情人，接下来她可以了解一下同类型公司相关制度是如何制定的。

至此，挑战权威的所有准备工作就完成了，相信到这个时候，她已经清楚地知道自己的诉求是不是真的"合理"，而且也有了充分的理由去说服总经理，下一步就是去跟总经理谈了。

最后，也要做好接受失败的准备。

让自己更好地接受"挑战失败"，我们可以尝试一种方法叫"最坏情况"。我问这个客户："既然你非常确信这些诉求和建议都是合理的，即便他拒绝了，对你有什么影响呢？"她想了想，其实也不会怎么样，就算印象有点减分，好像对她也没有什么实质性的影响。

这个案例的结果是：她找到机会跟总经理详细聊了一次，很多原本不合理且对她影响比较大的制度，后来都有所调整了。总经理非但没有对她印象变差，还说她的建议都很不错。

总结一下。我们常常会误以为我们面对权威、面对规则的时候是毫无选择的，这就使我们变得被动、不自主。然而，很多时候，我们以为是规则和权威束缚了自己，实际上是我们为了获得归属感和安全感，为了避免承担选择的责任，而主动放弃了自主的权利。因此，面对权威和规则，我们要做的不是盲目地顺从，也不是一味地反抗，而是要回归自主三角，如果发现这些事和规则背离我们的自主三角，我们需要提出来，去"挑战权威"。具体怎么做，运用挑战权威四步法：第一步，深入了解指示、规则背后的原因。第二步，搜集足够的信息和支持。这两步叫挑战权威的准备阶段。第三步，学会表达。最后一步，接受失败和反对。

以赛亚·伯林说："盲目坚守早已过时的观念，莫名其妙地怀疑任何形式的自我批评，不顾一切地反对任何形式的理性分析，不允许我们理解自己的生活原则和目标，是混乱、灾难与恐惧的主要原因之一，无论这种原因的心理根源或社会根源究竟是什么。"[1]

---

[1] 引自以赛亚·伯林：《观念的力量》，胡自信、魏钊凌译，译林出版社，2019，第50页。

第十讲

边界分化：你有没有"过度负责"

本书常常提到"责任"这个词。学会自己负责，是提升自我分化水平的必经之路，在上一讲中我们也提到，一个人想要获得积极自由，达成自主发展，就必须学会对自己负责、承担积极自由的结果。但还有另一种情况，我们可能会去承担自己本不应承担的责任，简称"过度负责"，这实际上也是自我分化水平不足的一种表现。不过度负责，在中华文化中叫把握"分寸"。

● 过度负责的心理原因

有三个原因容易让人过度负责。

过度负责的第一个心理原因是过度追求掌控感。

我有个客户，一直抱怨说自己总是到处帮其他同事"救火"，搞得他特别累。我说那你请几天假歇歇呢？他又说："这怎么行，我不在他们又出事情怎么办？我到时候帮不上忙的呀。"我就问他："你试过放手让他们自己做吗？"

其实，他是潜意识里对别人不放心，觉得有事情不在自己视线范围内了，或者没有以自己预想的方式推进，就难受，只有事事亲力亲为才能安心。他之所以那么累，其实不是因为同事真的不行，而是他太着急了，看见一个问题，直接就揽过来解决了，久而久之，团队里出了什么事大家都找他，其实大家是被他惯坏了。

职场有一个"扎心"的事实是，99%的情况下，一个公司离了谁都可以正常运营。说大了，地球离开谁都照样转。哪怕是超人，也没法掌控一切，更何况普通人。因此，这种对绝对控制的追求，往往会失败。讽刺的是，在控制失败之后，这样的人往往会归因于自己"控制不够"，而不是"需要放手"，结果陷入恶性循环。

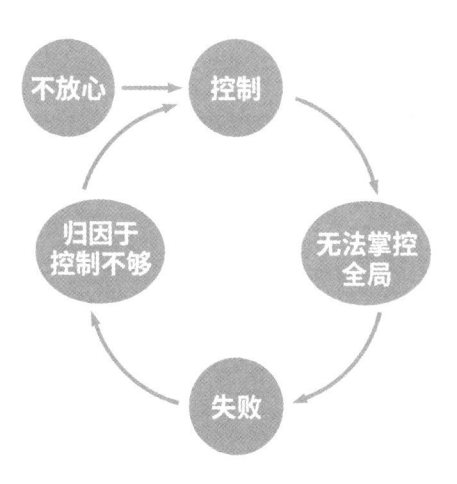

过度负责的第二个心理原因，是没找到自己真正要什么，通过替他人承担责任，来证明自己是有价值的、被需要的。

比如一些人，因为常常做别人的"情绪垃圾桶"，感到不堪重负，但每次朋友来找他们吐槽、抱怨，他们即便自己很累很忙，也无法拒绝，其实背后原因是他们觉得无论如何，自己是"被需要"的，这种感觉很好。再比如，有些父母退休之后就开始管孩子，催婚、催生，说是为了孩子好，但当孩子明确表示"不需要""我想得很清楚"的时候，他们非但不会为孩子感到高兴，反而会更失落。其中一部分原因是他们缺少其他实现价值的方式，只能在孩子的"大事"上来体现自己的价值。

过度负责的第三个心理原因是形成了顺从取悦的人际模式。

很多时候，我们选择顺从取悦是因为害怕被排斥、被孤立，希望别人能够喜欢自己。毕竟，人天生就对归属感有很强的需求。因此，有些人在职场中特别容易将别人的责任揽过来。这样的人虽然看似任劳任怨，但有可能在公司眼中依然是个可替代的人，甚至是成本负担。这在亲密关系中也很常见，一方尽自己最大努力"照顾"对方，甚至把本该属于对方的责任扛在了自己身上，不但自己身心俱疲，到头来可能还发现：对方怎么不领情？

有时候，即便我们知道拒绝不会带来什么后果，甚至别人对我们的拒绝无所谓，我们也依然会不受控制地顺从取悦，这是由于我们虽然在意识层面知道要拒绝，但潜意识层面启动了"自我保护"。

你可能会很诧异，顺从取悦还是一种"自我保护"机制？是的。范恩·琼斯的《人格适应：心理治疗中理解人类的新指南》中，对这种自我保护机制有精辟的论述。

人在儿童时期可能会把父母的"关注"等同于"爱"，当儿童发现取悦父母可以获得关注时，他们就可能会把大量的注意力放在取悦父母上，进而形成"取悦"的人际模式。长大后，他们可能仍然常常感到自己必须是讨人喜欢的，必须通过取悦来获得他人的认可，而不是通过其他方面（比如自己的能力、智慧等）来获得他人的喜欢。慢慢地，他们就容易在人际模式中忽视自己的力量，而过度关注他人是否喜欢自己和支持自己。正是因为他们需要被喜欢，所以他们会尽可能取悦他人，这就导致了过度负责的情况。

顺从的性格是怎么来的呢？有些情况下，父母在孩子小的时候会呈现出一种被压垮甚至"崩溃"的感觉，因为承受不住自己要应对的事情——为人父母。孩子不论如何努力，都无法让父母满足他们的需求，于是他们决定不对父母提出要求，甚至反过来去照顾父母。有的时候，不是父母，而是"主要照料者"，有些孩子由于种种原因父母不在身边，是由老人或者亲戚照顾的，照料者可能表现出心有余而力不足，或者让孩子有一种寄人篱下的感觉，孩子就会很自然地形成"顺从"的模式。他们会认为好孩子是不会向别人提出要求的，当他们有需求的时候，他们就会批评自己，觉得自己不懂事，他们如果把自己的需求放在第一位，就会觉得自己是不是有点自私，哪怕这些需求是完全正当的。因此，他们就顺着别人的需求来行动，这是一种生存策略。他们太习惯压抑自己的需求，久而久之他们甚至感觉不到自己的需求了，他们可能会想：既然我自己没什么感觉，那你又想这么做，那我就听你的呗。

顺从和取悦是两种不一样的机制。取悦的产生，往往是因为我们期待被关注，需要被喜欢。顺从的出现，往往是因为我们害怕被抛弃、被讨厌。

取悦大多出于渴望，顺从大多出于恐惧。内心有更多渴望的人，就会向外去"要"，这就体现在他们外放的情绪、感受上，这样的人可能看上去往往是热情洋溢的。而那个内心有更多恐惧的人，则常常会去躲，因此，在人群中他们是比较低调的，对于亲近的人、身边的人，他们不得不交往，他们就会采取顺从的模式。中文很妙，"取悦"和"顺从"两个词本身就体现出了主动性和被动性。

● 怎样避免过度负责

如何戒掉"过度负责"的心态呢？著名心理学家阿德勒提出了建议："课题分离。"这个概念核心表达的是，把不同人要负责解决的课题分开，不干涉别人的课题，也不让别人干涉自己的课题。

这里的课题，指的就是责任。

上海人有一句口头禅叫"与我不搭界"，因此，上海人的边界感很强，容易避免过度负责。网上有句挺火的金句，叫作：人生的多数问题，都可以用"关你屁事"和"关我屁事"来解决。听着蛮爽的，做到不容易。要是有人在职场总把"关你屁事"和"关我屁事"挂在嘴上，多半别人会不愿意与这样的人合作。有时候，即便心里是这么想的，也不能直接说出来。

在职场，到底怎么做到课题分离呢？

可能有人会说，很简单，入职的时候不是都会看到公司写的工作描述吗？不过，在职场中，如果你想有更好的职业发展，有更多的可能性，将来有更大的选择空间，往往不能拘泥于岗位职责。

我一个朋友，他本职工作是产品研发，有一段时间，负责营销的同事病了，一时间也招不到合适的人顶替，公司就说："你自己研发的产品你最了解卖点了，不如你先顶一段时间。"没办法，他只能硬着头皮顶上去，写营销文案、监测推广效果、做内容优化等等。虽然说不上做得多出彩，但也算平稳过渡。到了年底，他所在的业务要扩张，他就因为了解业务更全面，所以晋升成了小组长。

这在职场中是很常见的。在晋升，尤其是晋升管理岗时，了解其他相关岗位的工作，是一个重要的加分项。

所以说，那些看上去超出岗位职责范畴的工作，可不可以负责？可以。但也不是来者不拒，要怎么判断有没有过度，要不要接这个活呢？

记住一个原则："权责利"一致。

这个"权责利"和前面提到的自主三角模型高度相关。

先讲"权责利"当中的"利"。"利"决定了一件事你要不要负责。

这个"利"并不单单是实实在在的物质利益，比如升职加薪，也可以是我们在这段职业生涯中比较重视的其他方面，比如成长、技能提升等。它对应的其实就是自主三角中的价值。就是说，这件事对我来说为什么重要，我做了有什么好处？

比如前面讲到的那位做产品研发的朋友，顶上去做营销的价值可能有哪些？多了解其他的岗位工作、更清楚业务全貌可能是一种价值；希望给老板留一个"能兜底"的好印象也可能是一个价值；单纯觉得帮了别人忙，自己心里舒服，也可以是价值。

KnowYourself 成立之初那几年，公司人很少，许多岗位都没有负责人，包括我在内的所有公司高管都是"一块砖"，哪里需要往哪里搬。因为公司好了，我们才能发展得好，因此，那个时候无论做什么事、打什么"杂"，只要公司需要，都有价值。

当然，如果一件事对你在各个层面上都没有价值，就不要为它负责。

再看"权责利"中的"权"。

权就是权限、权力。这决定了你"负不负得起"这个责。你有多大概率控制得了这件事的结果，出了事你能不能承担责任。

"权"从何而来？这就要看自主三角中的身份了。

我们讲身份分成两个部分，一部分是自我评价，另一部分是角色赋予。

以前面那位朋友为例，他有文案功底，也了解自己的产品，因此，他提前就能判断出自己去做营销，怎么样都不至于"翻车"，这个结果他能控制。

如果把角色限定在职业角色这个范围，大体可以等同于职位权限。一个部门负责人和一个基层执行员工，角色不同是因为他们权限不一样，能调动的资源也不一样，能控制的程度不同，承担的责任自然也不同。

我有个亲身经历。我接到过这样一个任务，其他团队正在跟一个客户谈判，他们无意间得知客户的对接人是我多年的朋友，团队负责人就来找我帮忙："落雁，你不是跟谁谁谁关系很好吗，而且你谈判能力也很强，能不能支援我们做这个项目谈判？其实，大部分都谈妥了，主要还是卡在了价格上。"

我第一反应就是，这件事我不能替他们谈。但我也没有直接拒绝，我说："这样，我组个局，把我好朋友约出来跟你一起吃个饭，熟络一下，但谈判还是你们自己谈，我毕竟对项目的前因后果不了解。"团队负责人也很高兴。虽然最后还是没谈成，但他依然很感谢我。如果最后谈成了，我这个顺水人情就为公司做了点贡献。无论如何，我的约饭对这场谈判都是加分项。为什么我不能替他们谈呢？就在于权限的问题。我不负责项目，对项目没有任何决策权。项目里的事我都拍不了板，我怎么能贸然介入他们的谈判呢？如果我出面，谈成了，成果算是谁的呢？谈崩了，是我的责任还是他的责任呢？我只要不介入实际的谈判，单纯约个饭局牵个线，这我还是做得了主的。而且，我当时在公司同级别的员工里资历是比较浅的，但人脉广且善于经营人脉是大家给我的一个标签，也是我在上级眼中的一个优势。也就是说，约饭对我的"职场身份"确立是有价值的。因此，即便这并非我的岗位职责，我也愿意去做。

从另一个角度看，如果一件事你觉得对于自己有价值，也有能力和信心掌控，但苦于没有相对应的权限，那你完全可以主动去申请授权，做角色的转换。我也遇到过类似的情况，还是一件和谈判有关的事。我管辖范围外的部门负责人请我介入一场谈判。当时，对方已经非常上火，快谈崩了。CEO跟那位部门负责人说："落雁谈判比较强，你让她介入吧。"我了解完所有情况，知道了我方的谈判底线、双方的卡点等等，获取了和原负责人几乎同步的信息之后，我接下这份工作，但提了两个要求："第一，接下来谈判我全面接手，谈成了你们签合同、继续执行，但在谈判的核心条款上我要有充分的拍板权力；第二，我需要师出有名，在这个时段，你们部门归我管，事情结束后，一切恢复原状。"

获得了这个明确的授权，我才去继续推进谈判。这个项目最后达成了合作（如果大家对谈判相关话题感兴趣，可以看看第十二讲的内容）。

一言以蔽之，如果一件事不符合你当下的身份现状，也不符合你期望形成的身份，那就不要为它负责，你负不起。通过对"权"和"利"的分析，你就能够清楚地判断自己是否要为一件事负责了。

如果你不负这个责任，那也不要背负这个责任带来的压力。

《生活的平衡之道：孔子思想与关系管理》中讲了一个《论语》中的故事。子路问孔子："老师，如果卫国国君请您参政，您首先会做什么？"孔子答："我必须要一个合适的名分。"得先当个官，实职，最好是一把手，虚头巴脑的"顾问"之类的不行。孔子解释道："名不正，则言不顺；言不顺，则事不成。"没有名分，没有官职，谁听你的？别人不听，你怎么做事？成语"名正言顺"由此而来。孔子说的"名"，就是我们这里讨论的"身份"。

跟大家再分享一个案例。一个工作了三年的客户来找我求助，说她上级一直骂她、打压她，以致她对自己的能力产生了严重的怀疑。他们公司是一家小的广告公司，老板是从一家大型广告公司出来自己单干的，这个老板自身能力很强，不仅有客户资源，还有很高的策划水平，不然也不敢辞职创业。但毕竟是小公司，请不起薪水高的人，当时她刚毕业，公司就以比较低的工资把她招进来了。她干了两年，公司做得还可以，又多招了几个人。她虽然工资没涨多少，但已经是除老板外公司级别第二高的员工了。不过，她也承担了所有挨骂的"任务"：比稿没比好，挨骂；方案没做好，挨骂；跟客户开会一句话说得不好，挨骂。感觉好像问题都出在她身上。对挨骂这事，她是这么和我说的："我觉得老板骂的都有道理，我确实没有他考虑得那么全面，方案被他一修改也确实会更好，但一直挨骂我实在受不了了，怎么办？"

我就问了她一个问题："如果你真的像老板说得那么差，他为什么不把你换掉？"她说："是因为用我的性价比还不错吧？"

进一步了解情况之后，我们发现，她并不差，只是承担了本不该承担的压力。从"权"，也就是身份的角度上讲，这家公司是完全凭借老板个人能力做出来的。项目策划、客户，所有核心资源全在老板身上。她虽然名义上是职位第二高的，但无论从工资水平还是从实际职能来说，都只是一个执行角色。所有方案，最核心的要素都不是她主导的；跟客户讲方案，也是她老板主讲的。显然这些客户并不是冲着她这个只工作了两三年的执行者才下单的。这种情况下，比稿好不好、方案好不好，核心责任并不在她身上，而是在老板身上。从"权"的角度，她担不了那么大的责任。从

"利"的角度，成单了，大头都是老板拿，她也就是稍微多一点绩效，工资差不了太多。那在"权"和"利"不匹配的情况下，还有必要承担相应的"责"，承担比稿好不好、方案好不好的压力吗？显然没必要了吧。

问题来了，老板难道不知道这个道理吗？知道，但没办法，创业压力太大了，控制不了脾气而已。当然，她并没有老板说的那么差，否则，她老早就被开掉了。这么分析下来，她就知道，老板控制不了情绪是老板的事，但是，自己没有必要再那么自责。她的课题是做好策划和项目执行，老板说得有道理的地方、能够提升自己能力的建议，当然应该听取，因为这是她的课题，她也应该为自己的课题承担责任。但她没有必要为所有项目的结果负责，也不需要承担老板因为经营压力而造成的情绪，这是老板该自己承担的。

可以看出，其实，不存在她说的"老板骂的都有道理"，因为老板"骂"的都是基于一个过高的预期要求，作为一名执行者，她其实没有犯什么"错误"，她只是没有达到老板那个过高的预期。老板能想到的事她想不到，她考虑得没那么周全，是正常的，她还这么年轻，经验也不多。所以，听听建议，提升自己就可以了，尽可能"无视"老板的这些情绪，因为这些情绪是老板自己的课题。

这个客户听取了我的建议，她带着这种课题分离的思路去工作，只听意见、提升自己的专业能力，尝试无视这些情绪，然后自我暗示说：这些情绪是老板自己的经营压力造成的，我的付出已经对得起这份工资了。这样，她居然坚持下来，还获得了很好的发展。不久，她跟我说，她跳槽了，还获得了大幅度的涨薪，也很感谢前老板给她的帮助和指导，让她进步这么快。

我父亲曾经跟我说："可以把老板的坏脾气当作自己的磨刀石，时间一长，石头没了，刀却快了。"

当然，每个人处理他人情绪的能力不太一样，如果你觉得这种情绪给你造成了过度的负担，你承受不了，这很正常。请记住，照顾好自己的情绪也是你的重要课题。

判断一件事是不是自己的责任，核心要回到自主三角，看是否符合你的价值和身份，当价值、身份、责任不统一的时候，没有必要负责。而价值、身份、责任统一的时候，哪怕这件事不在你所谓的"职责范畴"之内，也不算是过度负责。而且，我建议，对于价值、身份、责任统一的事，你完全可以主动负责，争取把它划分到自己的职责范围内。我再强调一下，"权责利"一致，不是单纯指"给多少钱做多少事"，而是我做这件事，对我个人而言有没有价值，有什么价值。

最后，送给大家一句话，是我刚踏入职场的时候，我的父亲告诉我的："职场最好的状态是你的付出略大于公司给你的回报。""大"，你就对公司有价值；"略"，你就容易内心平衡。

祝福大家找到自己"略大于"的那个度。

这一讲我们讲了有关责任的问题。有人会觉得，负责就意味着事必躬亲，单打独斗。其实不然，如果所有事都亲力亲为，最后肯定换不来好结果。在下一讲中，我会和你分享如何获得协助，撬动他人来帮助你完成目标。

第十一讲

视角分化：敢于求助、善于协作

我们有时觉得工作负担太重，部门之间缺乏有效的协作和沟通，导致项目进展受阻，目标无法实现，等等。有人感觉自己在家庭中简直是"丧偶式"育儿，只能单打独斗……我们在工作和生活中都有一些需要完成的事、需要承担的责任，除独自承担之外，我们还要做什么呢？自然是要找帮手。这一讲，我们就来聊聊如何学会求助，让别人愿意帮你，实现你的目标。

求助，其实就是"借势"，运用好外力。人要懂得"借势"，借力使力，寻求帮助。我听过一个故事：父子俩在院子里面玩，父亲指着一块大石头对孩子说："使尽全部力量，把石头搬动一下。"儿子把吃奶的力气都用上了，石头纹丝不动。儿子沮丧地放弃："推不动。""我要你使尽'全部'力量。""我使尽了，你都看到了呀！"父亲语重心长地说："儿子，你没有！

你只用了你自己的力量。爸爸就在旁边，为什么不求助呢？"[1]

很多人没有真正意识到自己不善于求助。我在工作坊或是企业培训中提到学会求助时，总会有学员提出："没人能帮我。"

真的是这样吗？

很多人不愿把下属、实习生视为帮手，认为他们太弱，怕他们成事不足，败事有余。不少刚升管理层的小伙伴找我做咨询，会抱怨说："下属太弱了，教会他不如自己干。"但我和他们每个人深入探索之后都会发现，总有办法能够找到更好的协作方式，比如把任务拆得更细、更明确一些，把实习生培训写成标准的细化流程，等等。下属或者新人可能确实没有管理者强，但是不代表一点忙都帮不上。如果我们只想着"还不如自己干"，就会发现自己一直在单打独斗的路上，自己累得半死，成果还很难有质的提升。

很多人不敢把领导视为帮手，认为他们高高在上，怕给领导添麻烦，或是怕给领导留下自己"无能"的印象。领导往往比我们更有经验，他们手中也有更多资源，对我们来说难度巨大的事，可能对他们来说就是举手之劳。我在职业生涯中有好几次觉得自己确实扛不下来，向领导求助，领导立即介入，或者找第三方公司，或者请外部顾问来帮忙，问题马上迎刃而解。

其实，我们还有很多帮手，比如朋友。我在刚接手负责销售部门时，

---

[1] 引述自汤超义：《掌控人生主动权：孙子兵法与人生战略》，上海财经大学出版社，2018，第104页。

要制订激励方案,我就问了大量相关领域的朋友,还请朋友再给我推荐朋友,学习他人经验,往往能找到一些自己想不到的捷径。关于求助,我想要说的是:你拥有的可求助的资源,远远比你以为的要多。

求助是一门艺术。

《掌控人生主动权:孙子兵法与人生战略》一书中用《红楼梦》里的故事来诠释求助的艺术,对我颇有启发。一次,凤姐(王熙凤)把贾琏和鲍太太(鲍二家的)捉奸在床。要知道,凤姐娘家有人,而且出了名地泼辣,贾琏和鲍太太当时已经吓得发抖了。按凤姐平日里的性格,她会把鲍太太吊打一顿,但她没有!她哭喊着转身就跑,贾琏看到她一哭一跑,"男子汉大豆腐"的"胆量"觉醒了,一改自己往日的怂样,反倒提着剑追着凤姐跑。凤姐跑哪儿去了?跑"领导"贾母那儿告状去了。凤姐一见贾母就扑到她怀里说:"老祖宗救我!"贾母连声问:"怎么了?"凤姐泣不成声地报告了概况。贾母本来可能还想息事宁人,结果看到贾琏怒气冲冲地追来,还提了一把剑,贾母这火啊一下就上来了,对贾琏一顿臭骂:"兔崽子!不但出轨,还想打老婆,简直欺人太甚,跪下!道歉!"贾母又好生安慰凤姐。后来,凤姐三番五次在各种场合说:"老祖宗是我的救命恩人!"老祖宗做了什么?不就抱了她一下、骂了贾琏几句吗?凤姐反复强调贾母的救命之恩,每感激一次,贾母就开心一回。凤姐以后有事相求,贾母是不是还会出手相助?

古代世家大族的联姻跟我们当代的婚姻不太一样。凤姐在这段婚姻中更在乎的是她在家中地位是否稳固,我们可以把这个故事当职场剧本来看:贾母是真正的一家之主(领导)。若要稳固自己的地位,凤姐必须赢得贾母的喜欢，因此，为了实现自己的身份锚定，去领导那儿求助比跟贾琏吵架更有价值，更符合她的自主三角。凤姐一点不怕麻烦领导，反而故意麻烦领导，偶尔请领导帮帮忙，因为她知道，领导也希望可以帮助下属，从中获得价值感、成就感。当然，求人之前，我相信凤姐是先做了评估的——这事会不会为难领导？她最聪明的地方是：事成之后，还告诉领导，这事对我很重要，经常提及、自然流露，领导就会很开心，以后有事还会继续帮她。从这个角度看王熙凤的一些行为，你会感慨：她绝对是个"宫斗"高手。

在求助和协作这个问题上，绝大多数困扰都集中在两个方面："不敢"和"不会"。"不敢"，说的是心理阻碍，出于各种各样的原因，内心矛盾，纠结担心，根本开不了口；"不会"，说的是技巧层面，决定要求助了，但是找不到好的方法，导致成功率不高。

对应的解法，就是今天要讲的视角分化，即区分不同人的视角，并且真正地从不同人的视角去看待问题，更全面地理解各方的观点。如果我们都能站在对方的视角去看待问题，无论是"不敢"还是"不会"的问题，都能迎刃而解。

● 解决"不敢"的问题

怎么用视角分化来突破心理阻碍，解决"不敢"的问题？先认识两个最大的心理阻碍。

第一个阻碍是"不信任"。我们有时候会不相信他人有意愿和能力帮助自己，要么是觉得"他好忙，还是不要麻烦他了吧"，要么是觉得"这事他肯定做不了"。

我有一个客户，跟我抱怨说他下属是个关系户，给了他几个任务都做得特别烂，还特别慢。这个客户说："他就是故意搞砸，就是想让我觉得，与其'使唤'他干活，还不如自己干。搞得我特别累。"接下来，我问了他下面这几个问题。当然，实际过程中会有更多的引导，这里只提取了关键的几个问题。

我问："我很好奇，如果你下属来跟我说这件事情的经过，他可能会怎么说？"

他愣了一下，从先前的斩钉截铁，变成了迟疑，说："我……我其实不知道。我没找他聊过……"

虽然他一直说下属是"故意搞砸"的，但当这个问题问出来的时候，他开始意识到自己并没有真正了解过下属的想法。

我又问："如果你作为下属，上级如何布置任务、如何给予反馈，会促进你更有动力去完成任务？"

他说："我希望任务的背景需求、产出结果，还有时间节点都很明确，如果做得好能有鼓励，没做好也要指出改进方向，不能只是批评不给建议。"

接下来我问："如果你那个下属现在也在这里，他可以敞开心扉地给你提一个建议，他会说什么呢？"

他说："我希望你可以跟我多一些交流，而不是每天见面就是派活，也没有花很多时间去说为什么要做这些事，感觉自己像工具人。"

在几个"转换视角"的探索之后,他开始意识到自己也并没有给对方成长的时间和机会。这个下属刚入职,他只安排了几次任务,就下断言说对方不行,因为他潜意识里觉得领导朋友介绍的人肯定就是来混日子、消极怠工的。后来,他尝试带了带这个下属,发现下属有些进步,他还特别把进步的地方点出来鼓励、表扬下属。后来他发现,下属的交付质量和交付效率都有提升。

我们平时也可以通过这样的"自问"进行视角转化,这让我们更有可能代入对方的视角去体会和感受。生活中我们也有这种偏见。有一位职场妈妈来找我吐槽,说她丈夫总是装作做不好家务的样子,搞得所有的家务活都只能她自己做,丈夫那些没擦干净的地、没洗干净的碗,还得她重新做一遍。她说:"我跟他说:'你不想做就直说,不要故意搞得乱七八糟还增加我的工作量。'他竟然还和我生气。"

我依然问了一些转换视角的问题,比如:"如果你丈夫来给我描述这件事,他会怎么说?"……尤其是当我问到"如果你是丈夫,妻子说你'不想做就直说',你的感受是什么?"时,她很有触动。后来,她也慢慢尝试着站在丈夫的角度思考:"妻子怎么沟通,我会更愿意听、更愿意去行动?"后来这个客户发现:是她没有给伴侣充分的信任。回家后,她先从自己不那么在意的一些家务上"信任"丈夫。注意,一定是先选择她没那么在意的一些家务。比如,她对入口的东西特别讲究,洗菜、做饭和洗碗,她还是很难放手。要选她没那么在意的家务,比如洗衣服什么的,哪怕丈夫做得让她很不满意,她也可以忍住,不会接过来自己完成,而是说:"没关系，做了就比没做好。"慢慢地，她除那些"核心工作"之外，其他工作基本都交给了丈夫。有意思的是，她发现自己在职场中其实也有独揽工作的习惯，她也用了同样的方法，减轻了自己的负担。

想要获得同辈（包括伴侣、跨部门同事、朋友等）以及下属的支持和协作，首先要学会信任并给对方以空间，尤其是犯错的空间。转换视角就能让我们提升对他人的信任度。

第二个阻碍是"怕露馅"。就是害怕暴露自己的不足和脆弱，觉得"如果我去求助了，人家会不会觉得我很弱，看不起我啊"。更不要说如果被拒绝，感觉就更丢脸了。

尤其是当一件事对自己特别重要，和身份强绑定的时候，人就会变得格外"要强"。

这个现象很常见，在心理学上叫作"聚光灯效应"，意思是：人容易高估别人对自己的关注，尤其是别人对自己所谓"缺陷"的注意程度。但实际上，别人大概率不会关注到你以为的那些缺陷，哪怕关注到了，也并不在意。

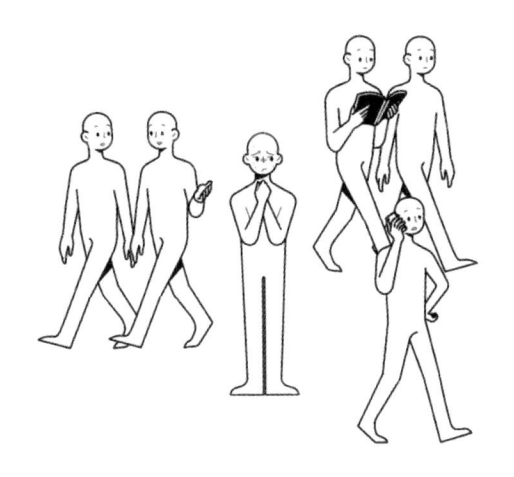

我给不少企业中高层做过心理教练,很多人跟我提过,下属搞砸了之后极力"补救",但因为缺乏工作经验和项目经验,结果,越补窟窿越大。如果他们在犯错的第一时间就汇报和求助,事情其实很容易解决。说得更明白一点,站在上级的视角,下属能通过求助来高效地解决问题,其实是一个加分项。

● 解决"不会"的问题

解决了"不敢",就要解决"不会"。要解决"不会"的问题,你要学会站在对方的视角思考两个问题:"我要怎么帮你"和"为什么我要帮你"。

第一个要点,是准确表达出你需要什么帮助。

你有没有遇到过这种情况:工作量太大,或者项目挑战太多,但你说完之后,老板根本不觉得你需要帮助,反倒觉得你是在发牢骚,甚至把你批一顿。因为很多时候，你以为自己已经表达得相当清楚了，其实没有。很多人会把谈话停留在"表达困境"这个阶段，却不会进一步"表达需求"。

区别在哪儿？举个例子，假如你是公司的销售负责人，上级问你"为什么第四季度业绩没达到预期？"你说："唉！领导，行情太差了，竞争对手的产品更吸引客户，下属又不给力，业务怎么完得成？您也看到了，我每天都在应酬，晚上还失眠，真是没办法。"这是在表达困境。上级可能这么想："你是销售人，这些问题你应该去想怎么解决，我都替你安排好了，要你干什么呢？"话可能有点刺耳，但是，你想想，如果你是一个上级，你的下属只会说自己好累，然后把问题丢给你，你做何感想？因此，下属要做的是明明白白、清清楚楚地告诉上级：遇到了什么问题？打算怎么做？需要对方具体做什么？不要只做制造问题的人，而要做解决问题的人，至少要展示出你在思考和努力解决问题。

上面的例子，用表达需求的方式来说就是："现在行业内同质化产品太多，我调研下来发现，大家都在销售方案上做文章，但我们团队做销售方案的能力不足，之前没有相关训练。是不是有可能请一个顾问来完善一下我们的销售方案，并对团队进行培训？这样会对下季度的销售业绩有很大帮助。"

表达的时机也很重要，汇报就是一个非常好的求助时机。有时候，我们特地跟领导约会议去要帮助求资源，显得特别隆重，而且众目睽睽，万一领导当众拒绝，我们的心理负担就更大。然而，在汇报工作的时候，讲目前工作进度如何，什么地方做得好，遇到了什么困难，随便提一下需要什么支持，在这种情况下提需求，能提高成功率，也能减少被求助的领导的心理负担。

会提需求不单单在职场中很重要，在家庭中亦如是。

职场妈妈很不容易，平时要工作，下班之后可能还要继续带孩子，丈夫回家很晚，妻子就开始抱怨了："怎么又那么晚回家，我也是要上班的呀，晚上就我一个人，要做这个那个……孩子就是我一个人的吗？"这就是典型的"抱怨＋说困境"。当然，妻子说的话本身也没错。但细想想，妻子的目的并不是发泄情绪，而是为了让老公能帮忙带孩子。但是，按这种方法沟通，能达成目标吗？老公哪怕去带孩子了，肯定也是不情不愿的。毕竟，谁愿意被指责和催促呢？

这个场景中，怎么提需求呢？比如："亲爱的，我最近上班也挺累的，晚上一个人带孩子确实有点吃不消，你最近是不是可以调整一下应酬的频率，每周能有个两三天早点回家，让我也休息一下，好吗？"

求助的第一个要点：表达清楚需求，让对方知道需要怎么帮助你。

第二个要点，找到对方的自主三角，让对方乐意帮你。

接下来要问：人家为什么要帮你？为什么要用自己的时间、精力、资源来解决你的问题呢？你的问题是解决了，对方能获得什么呢？

于是，我们要看一看对方的自主三角。我们反复强调，要用自主三角驱动自己。当然，也可以用别人的自主三角去驱动别人。我们一直在帮助大家探索自己的价值和身份，你在寻求帮助的时候，是不是也要思考对方的价值和身份呢？

比如，我前面说的那位客户，他觉得下属是一个想混日子的关系户。其实，他没有给对方做好这件事的价值感，也不知道对方想要实现的身份是什么，因此产生了误解，不仅影响了工作效率，还让双方都感觉很差。一旦上级明确了这个下属给自己定位的身份并不是"混日子的关系户"，而是希望能够在这份工作中有所成长，做一些更关键、更有意思的工作，之前"带不动"的问题就会更好解决。

每个人的自主三角是不一样的，因此，吸引他们的方式也不同。

举个例子。《三国演义》中，很多人想要吕布去帮他们，因为吕布超级能打。大家都用什么方式呢？金钱、美女。有用吗？非常有用。因为这就是吕布的自主三角嘛。吕布是个很实在的人。前阵子《三国演义》电视剧里的吕布在互联网很"出圈"，许多短视频说"吕布演绎了当代打工人的心态"。刚入职的时候，他就说："我跟定义父，赴汤蹈火在所不辞！"工作被PUA时，他就说："呸，老贼，欺我太甚！"金钱美女给到位了，他就说："义父，我听你的！"没给到位还想让他杀敌冲锋，他的态度就是：老贼，你想得美！

不是每个人的自主三角都长成吕布这样，比如关羽。曹操一直想把关羽从刘备那儿挖过来，也送金钱美女，福利待遇超级好，"三天一小宴，五天一大宴"。关羽呢，也是感谢曹操的，但这些都不能真正打动他。有一天曹操送了他一匹马，就是大名鼎鼎的赤兔马，哇！关羽兴奋得不得了。曹操想着：哟，这下可以拿捏你了吧！结果，关羽试驾赤兔马之后，回来说："谢谢领导，这马好，我现在还没得到我哥哥刘备的消息，等哥哥消息一来，我就可以骑着赤兔马去找他了！"曹操简直郁闷坏了。关羽的核心价值是什么？"义"。为什么后来黑道白道都拜关公？就因为这个"义"字。他自我认同的职场身份是：我不单单是刘备的下属，还是刘备的兄弟。刘备当时要什么没什么，但是有仁德，还能"画饼"，因此能吸引那些把仁义当成核心价值的同道中人。刘备能吸引吕布吗？当然不能。

诸葛亮、关羽、张飞、赵云这些人都愿意吃刘备的"饼"，因为他们追求的核心价值和身份是"仁义""认同""尊重"这些维度上的。刘备很会通过这方面来吸引那些比他牛的人协助他。他临终托孤的时候跟诸葛亮说："若嗣子可辅，辅之；如其不才，君可自取。"什么意思呢？我这个儿子如果还凑合，你就让他做董事长，你委屈一下，做总经理；如果他不行，你就自己做董事长，把他废了。诸葛亮是什么人啊？他当年肯出山就是看重刘备发自内心地尊重人才，礼贤下士："先帝不以臣卑鄙，猥自枉屈，三顾臣于草庐之中。"先帝刘备不在意我出身贫寒，屈尊来看我，三次光顾我的破房子。诸葛亮的核心价值就不是年薪，他的身份认同也不是要废掉刘禅成为集团的董事长。刘备很清楚诸葛亮是什么样的人、看重什么价值，他这么说，诸葛亮就更加"鞠躬尽瘁，死而后已"了。有些网友不喜欢刘备的"人设"，说他有点虚伪。如果你家底并不好，实力并不雄厚，刘备的技能还是很值得借鉴的。要让别人帮你，必须知道他们在意的价值是什么。

不同的人，身份、价值不一样，有没有一些方法可以辅助我们判断呢？

心智模式就可以。

以我为尊型的人一般比较实在：你不要给我"画饼"，直接说，我帮你，我有什么好处。当然，不一定就是物质，也可能是面子之类的世俗意义上比较虚的东西。关键是看他们在乎什么，就给什么，而且要事先说清楚。

对于社会规范型的人，要告诉他们"你很重要"，同时要体现出他们帮助你的"正当性"。比如，你想要另一个项目组的负责人小A帮你做你某个项目的媒体对接，你可以说："小A，我这里有个×××项目，媒体对接是特别重要的部分，公司没人比你做得更好了，因此，我跟上级请示，希望能让你来帮我，他批准了，但要我先来征得你同意。不知道你是否愿意帮助我？"

对于社会规范型的人，要多给正面反馈。他们是比较愿意帮助人的，但还是需要有权威的授意或者授权。如果你的朋友或者伴侣是社会规范型的人，很少对你说"不"，请记得：千万不要把他们的付出当成理所应当。要让他们知道他们对你的帮助有多大，你有多么感激。

对于自主导向型的人，就要看看对方近期有什么关键目标，和你的请求能否联动。自主导向型的人目标感很强，有自己的决策系统，工作效率也较高，他们通常不会干吃力不讨好的事。比如，你的领导是自主导向型的人，你工作完成不好，团队的成果也会不好，他肯定也吃亏，因此，他多半是愿意帮助你的。如果没有联动，那就看看有没有什么可以做价值交换的——你帮我实现目标，我有什么资源，可以帮你实现你的目标。

如果你要向比你优秀甚至优秀很多的人寻求帮助，尽量找内观自变型或者具有一定内观自变特征的前辈，因为他们往往比较重视更高维度的价值感，比如，赋能他人，他们可以从帮助别人的过程中汲取力量。这个时候，你需要注意两点：第一，先从举手之劳开始，不要一上来就让别人"为难"；第二，在恰当的时机给予反馈和表达感谢。比如，找以前的上级去聊一下职业上的困惑，而且每次取得进步后给人家发个消息感谢他，说一说："正是因为上次您说了什么什么给了我启发，我是怎么做的，有什么进展，非常感谢您的帮助。"我前面讲到王熙凤求助贾母的故事，你会发现，王熙凤就做到了这两点。

善用视角转换，你求助成功的概率会提升不少。当然，用了上面的方法也不是就百分之百能成功，也是有可能被拒绝的。不要把"被拒绝"下意识地和个人价值联系起来，觉得"我被拒绝是因为我不够好""我被拒绝是因为对方不喜欢我"。如果你该想的都想了，该做的都做了，对方还拒绝你，可能是有一些未知的原因，和你"好不好""值不值得喜欢"没什么关系。尝试从被拒绝的经验中学习，并思考如何改进自己或采取不同的方法，你才能在不断的尝试中获得更多人的支持。

总结一下，我们感到自己缺乏资源和帮助，常常是由于自己"不敢"和"不会"求助。通过视角分化来真正站在对方的视角看问题，可以让我们敢于求助、善于协作。

第十二讲
矛盾调和：职场"夹心饼干"攻略

前面讲到的"视角分化"，主要是用于两方发生交互的时候。职场交互，往往涉及更多利益方。涉及的利益方越多，矛盾和冲突就越多，因为大家的立场、诉求、利益都不一致。很多时候，我们不得不卷入冲突中，成为"夹心饼干"。比如，你代表公司和客户谈判，如果谈不拢，你就夹在公司和客户中间；你双线汇报，如果两边领导不对付，你就夹在他们中间；你作为中层，如果上级和下属诉求不一致，于是就夹在上级和下属中间；你负责的项目需要跨部门协作，但不同的团队之间有冲突和矛盾，你就会非常麻烦。诸如此类，举不胜举。

这一讲中，我会分享职场中矛盾调和的两大原则，然后，通过一个谈判案例，带你拆解调和矛盾的具体技巧。

当然，不是所有冲突和矛盾都可以调和。但是，运用这一讲中的原则和技巧，你多半能够找到化解冲突和矛盾的破局点，也能够在冲突中做到自我保护。虽然用了职业场景举例，但其他涉及多方的矛盾调和，也可以用这样的思路。

◉ 调和矛盾的第一原则：找到各方的自主三角

在求助和协作的过程中，我们要通过视角转换的方式去找到对方的自主三角，尤其是要落到价值驱动这个层面上，然后去驱动对方的帮助。其实，在调和矛盾的过程中也是一样的。

冲突和矛盾是怎么来的？就是多方的诉求不一致。但这种不一致，其实常常只是看上去不一致。当我们看向每个人的核心"价值点"时，就可以判断：这些诉求本质上是不是真的完全对立？还有没有可调和的空间？比如，如果你是公司中层，面临这样的局面：下属很优秀，在同事当中算是翘楚了，来问你有没有涨薪的机会。他确实也交出了一些不错的结果，但今年行业整体环境不好，公司业绩很差，总经理不肯批任何涨薪的预算。下属要涨薪，公司说不涨，看上去好像是进入死胡同了。是不是只能回绝下属？不是的。这个案例中，无论是下属要涨薪，还是公司不让涨，都是他们表面上的诉求。你真正要看的是，这些表面上的诉求背后，到底是由什么价值驱动的。我们先看看，这里有几方，希望达成的价值是什么？

先看中层。中层，要去维护团队的稳定，来达成未来的业绩。留住优秀的人才，对中层而言就是有价值的。再看公司，公司期望达成的价值是什么？一方面，公司希望留住优秀人才，因此把对方留下对公司有价值；

另一方面，公司要控制预算，涨薪，现实条件不允许。再看下属，下属只提涨薪，没有直接跳槽，说明下属可能还是希望和公司继续合作。

虽然看上去大家在涨薪上的诉求是不一致的，但三方还是有一致的地方：都希望优秀的员工能留在这家公司继续合作。

这里体现出从自主三角出发的第一个作用：通过审视自主三角，有可能在矛盾中找到一致性。这个时候多方的立场实际上就有了一个转换，从原先看似剑拔弩张的对立关系，变成希望合作共赢、共同找到解决方案的关系。 还有一个注意点，就是在出现矛盾的时候，一定要少说，多问，多听。少说，就是最开始的时候，不用一直表达自己的困难、原因等等，因为大家都想说，站在自己的立场上都有很多想解释的。我在上一讲中强调，要做视角转换，你得把自己放到对方的视角去。你要去听、去问：对方提出的诉求背后的核心价值点到底是什么？

我们回到这个案例中。下属希望涨薪，背后的价值点是什么？钱，或者说物质奖励。但现实情况是，公司没那么多现金，涨工资不现实。而给一些期权，多几天带薪休假，或者帮忙申请免费停车位，等等，都可能成为替代解决方案。除涨薪之外，是不是还有其他诉求呢？比如，还可能是因为需要肯定：我比别人干得都好，为公司做出了更多贡献，我希望公司能有所表示，肯定我。如果是这样，那做一个公开表彰，或者升一个职级，不也是个解决方案吗？

这就能看出从自主三角出发的第二个作用：基于价值，我们能找到更多的替代解决方案。 当然，如果明明有条件，还非不给人涨薪，那员工肯定就走了。或者说，这个员工的诉求只能通过涨薪解决，别的方式不接受，但确实公司有困难，薪水实在涨不了，那我们得接受有些时候矛盾是无法调和的。

● 调和矛盾的第二原则：不做情绪的"夹心饼干"

我们由于自己的职业角色，可能需要去承担许多"夹心饼干"的事，这已经够麻烦的了，不用将多方的情绪都照单全收。

比如上面的例子，那个优秀下属会不会因为你只能给他争取免费停车、带薪假和涨职级，而感到失望、委屈甚至愤怒？有可能。因为你是中层，是这个事件里直接出面的人，所以，他的不满、不爽、愤怒，只能朝你发泄。但作为"夹心饼干"的你，已经尽力了。其实，他这些情绪针对的不是你个人，而是这个组织，而你所承担的角色就代表组织。角色要求你去把这事处理掉，也要面对他人的负面情绪。

这个时候，你需要课题分离，第十讲中讲到过，你的课题是尽可能找到冲突背后能够调和的利益点，能做到这一点就已经非常棒了。而对方的负面情绪是对方的课题，况且他也不是冲你来的，你没有必要去承担这些负面情绪。

为什么我强调不要做情绪的"夹心饼干"？因为如果你在调和冲突矛盾的时候被情绪牵着走，你不仅自己难受，还有可能给自己挖坑。

我在十多年的职业生涯里承担了很多与谈判相关的工作。其实，谈判就是一个典型、复杂的调和冲突矛盾的场景。在谈判的领域有一句箴言，叫作：你每一句未经深思熟虑的话，都有可能成为对方的筹码。

这事我深有体会。

在一次跟合作方谈判，对方可能是故意采取了一种战术，不但态度傲慢，而且提的要求非常离谱，我被激怒，说了一些不太恰当的话，被对方抓住把柄，然后，对方找我老板投诉我："你们的人根本没有谈判的诚意，而且对我们极其不尊重，居然说出这种话，如果不愿意那就不要谈了。"

我的老板是非常希望促成合作的，而这件事让公司在谈判中变得更被动，为了缓和关系，我方被迫放弃了一些原本有机会争取的权益点。老板肯定对我的表现很不满，这个时候，我跟老板怎么解释都没有用，话毕竟是从我口中说出来的，而且对项目也造成了负面影响。

此后，对"情绪上头"这件事，我一直"警钟长鸣"。如果对方实在太过分，让我不舒服，我会保持沉默，先安静地想一下我这次的谈判目标。如果有必要，我会推迟谈判，比如说："我能看出来你有很多情绪，我建议我们换一个时间再继续谈。"无论是沉默还是推迟谈判，其实背后就是一点："夹心饼干"不易做，情绪上头时千万不要随便开口，会给自己找麻烦。

职场中我们需要为自己积累议价筹码，攒筹码需要好几年，废掉筹码只需要吵一架。西汉名将周亚夫战功卓绝，汉景帝对他很器重，想把周亚夫留给储君，又担心周亚夫脾气太坏，儿子搞不定。犹豫良久，汉景帝出了份"考卷"。一天，汉景帝召集文武百官吃饭，每人都有筷子，唯独周亚夫没有，其实是想看看他情绪管理能力有没有进步。没想到，周亚夫勃然大怒，大骂"服务员"。汉景帝冷冷地说：是我不让放的。周亚夫"情绪上头"，直接起身告退。汉景帝摇了摇头——周亚夫，提拔面试，不及格。[1]

小结一下调和矛盾的两个原则：一是从各方的自主三角出发，少说多听，这样你就能了解每个人背后的利益诉求，找到暗含的可以调和的利益；二是不做情绪的"夹心饼干"，不因为他人的情绪消耗自己，影响心情和判断力，让本就复杂的事更加复杂化。

接下来我会通过谈判这个更具体的场景，来进一步说明如何调和两个看似不相容的立场。

谈判，是一个在职场和生活中特别常见，却相对复杂的场景。比如较为广泛的场景定义：跟供应商砍价，跟客户谈权益，跟合作方谈合同条款，等等。但其实，面试谈薪、租房子谈价格等，也都是广义上的谈判。

我接下来着重讲的是谈判双方作为"代理人"的谈判，即双方都是代表公司或上级出面沟通，而不是最终的决策人。面对谈判对手和公司或老板的不同诉求，你在中间应该如何推进谈判，获得更好的谈判结果？这个场景最复杂，谈判过程容易让人左右为难。学会了在这个场景下如何处理，其他的情况就会更容易解决。

在电视剧《闪耀的她》里，女主角管文是一家二线商场的招商总监，因为商场在商户眼中没什么竞争优势，管文之前一任招商总监为了争取更多优质商家入驻，就对商家承诺说："你来进驻，我可以给装修补贴。"管

---

[1] 故事改写自司马迁：《史记·卷五十七·绛侯周勃世家·第二十七》。

文接手之后，发现集团给的资金完全不够用来支付给商家的装修补贴。而且装修补贴承诺大部分都未经集团审批，集团也根本不会付审批之外的钱。从管文的角度看，如果不认账势必会得罪商家，而且消息传出去之后，也会损害商场的信誉，招商就更难了。但她确实又没这么多资金，那她该怎么办呢？

这是个典型的"夹心饼干"困境。我们先来看看双方的诉求是什么。

商户的诉求是：希望商场提供之前承诺的装修补贴，不能赖账。集团的诉求是：控制预算，各商场的招商策略各商场负责，不能破坏规矩。现在这个状况，看上去是一方要钱，一方没钱，但是，这两方的诉求真的是完全对立的吗？看似对立的诉求背后有没有可调和的利益点呢？

其实是有的。

我们还是按自主三角来看。商家在乎的价值是什么？首先，自然是补贴。其实，大家都是聪明人，知道前一任招商总监答应的补贴是过高的，自己是占了便宜的。第二，商户肯定也是想入驻的，如果入驻会亏本，多要这点装修补贴也没意义。第三，更换入驻商场可能会付出更多直接和间接成本，因此，对商户而言，不换也是更优选择，只是他们抓住了一个谈判筹码——"这笔钱是你们之前答应的，不能说话不算数"。

集团在乎什么价值呢？一方面，要控制预算。另一方面，肯定也是想优质商户进驻，不然怎么挣钱？还有一方面，就是声誉，这对企业来说是很重要的。而且商户也很清楚这一点，他们就抓这个集团的弱点作为谈判筹码："你们前一任招商总监作为商场代表答应我要给这么多装修补贴，我管他有没有离职，难道你们这么大的公司要反悔不认账吗？如果这事情曝出去，谁敢跟这样没有信用的公司合作？"

管文作为招商总监，她必然也需要招到优质的商户。而且，她新上任，也得展示出"我能摆平事情"这种能力。

其实，三方有一点是一致的，都想优质商户进驻。只是在是否给补贴上有分歧。

最后，管文是怎么解决这件事的呢？

核心就是一个字："拆"。把双方的价值点再往下拆细、拆具体。

集团要控制预算，具体是怎么控制的？是以年为单位的。而商户那边要装修补贴，更看重的是什么？是你承诺要给我的钱能不能最终到位。但前一任招商总监也并没有承诺分几年给，因此时间周期是可争取的。把价值点拆细、拆具体之后，就可以用"打包"的议题进行讨价还价。这样可以达到两个目的：第一，可以视对方的行动，及时做出让步；第二，组合讨论多个议题时，谈判者更容易在不同的议题之间做出取舍。可以捍卫自己更在意的条件，并舍弃自己不在意但对方更看重的条件作为交换。**这个方法叫"聪明的让步"。**

解决这个问题的有效方式，就是把装修补贴按今年集团的预算拆分成"今年的补贴"和"明年的补贴"，甚至"后年的补贴"。不要小看这一个动作，在满足今年预算的基础上，给了商户"今年的补贴"，首先就稳住了之前谈好的商户，与此同时，为自己争取了一两年的时间。在这一两年内，商场可以提升运营水平，增加引流率，促进销售额，如果今年整体业绩好，明年争取到更多预算的可能性也就更大。

为什么说这个方法叫"聪明的让步"？因为面对冲突的时候有一个大忌，就是把事情搞成"零和游戏"：一方赚了，另一方就必定亏损了。更严重的是导致两败俱伤。

比如上面的例子里，双方都让一步，让掉了对自己不是那么重要的利益。商户在时间上让步了，商场在补贴上让步了。同时，他们也都从对方那儿得到了自己更重视的利益：商户不影响开业，还得到了期望的补贴金额；商场维护了声誉，留住了商家，还没有突破年度预算。

职场"夹心饼干"调和矛盾、解决问题的最高境界，就是让双方各有让步，但双方都觉得自己还占了便宜。

延展一下，这个案例中还涉及一个谈判学中的概念，叫作"幕后听众"。 就是谈判对手方也可能是职场的"夹心饼干"。比如上面这个招商的案子，如果来谈判的商户并不是老板，那么从他的自主三角看：当初就是因为商场承诺有装修补贴，我才说服我老板在你们商场开店的，而你现在跟我说前一任招商总监离职了，承诺的不算数，那我跟老板怎么交代？这时，**我们需要帮我们的谈判对手方去跟他的老板"交代"，谈判学里我们管这个角色叫"幕后听众"。** 把装修补贴分两年支付，也能给谈判对手方一个台阶下，让他能给自己的"幕后听众"一个交代："我们拿到的补贴还是能到位的，只是时间周期比原来的长一点，商场没有违反承诺。"

总结一下，作为职场"夹心饼干"调和矛盾冲突的两个原则：第一个原则是找到各方的自主三角，找到共同利益；第二个原则是可以做"事"

的夹心饼干，但不要做"情绪"的夹心饼干。我讲到了一些实操的谈判技巧，包括将价值点拆细、拆具体，做"聪明的让步"，重视"幕后听众"。这些技巧不仅可以用在谈判中，也可以用在更广泛的矛盾协调中。

到这里，我们发展自主性的板块就告一段落。在这个板块中，我们着重于自主系统的建立和分化，来掌握职场的主动权。这也是自主导向型心智模式的人会有的一种重要的优势。我们在讲心智模式的时候提过，自主导向型的人也会存在困境，就是系统太稳固，比较难接受新的经验、想法，导致变化发生时难以应对。

接下来，我们将进入发展灵活性的板块，帮助你更加开放地接纳外界的变化，不断地自我更新和迭代，自洽不纠结。

阶段三
发展心智模式：走向内观自变

第十三讲

内观：要做自己，也要对自我保持"警惕性"的觉察

上一个板块中，我将重点放在自主性的建立上，着重讲要自主，要去倾听内心的声音、坚持自我。那么问题来了，内心的声音有没有可能会误导我们？

有很大的可能。人的本性中有很多负面的特征，比如懒惰、偏执、傲慢、自私等等。如果我们片面地、不加思考地"随心而动"，这并不是真正的"自主"。

《论语·子罕》中讲："子绝四：毋意，毋必，毋固，毋我。"孔子说，人一生要杜绝四件事：不要凭空猜测，主观臆断；看事情不能绝对，想当然；不要拘泥以往，固执己见，一条路走到黑；不能自以为是，听不进别人的建议。

真正的自主是需要在坚持自主的过程中始终看到内在和外界的变化，

随着变化去调整自己，有时也需要接受一些可能反人性的、自己想逃避的东西，比如失败、幻想破灭、人性中真实的阴暗面等等。这就是为什么光有自主性是不够的，还需要灵活性的加持，不断地去给自我做修正。

《孙子兵法》非常重视灵活性，把用兵之道比作水："夫兵形象水，水之形，避高而趋下，兵之形，避实而击虚。水因地而制流，兵因敌而制胜。故兵无常势，水无常形。能因敌变化而取胜者，谓之神。"意思是，用兵特征像水，水的特性是避开高处流向低处，用兵特性是避敌集中之处、击敌空虚之处；水会根据地形高低决定流向，用兵要据敌强弱虚实采取不同战术制胜。因此，用兵没有固定的招式，如水没有确定的形状。能据敌情变化及时调整打法而取胜的将领，可称为战神。

水的特点是"因地制流"，似乎无固定方向，却有坚定目标，"滚滚长江东逝水"，长江之水，源于高山，一直往东，奔流到海，目标明确。奔腾过程，并非直线向东，遇到阻挡，不是硬拼、强行爬过，而是避让、避高趋下，蜿蜒曲折。"兵形象水。"用兵的重要法宝是"因敌变化""因敌制胜"。"因"，非常重要！因，就是灵活性，具体情况具体分析。战争，不能一味地猛打猛冲、机械运用原定的战术，而要根据战情变化，运用适当的兵法，及时调整战术，夺取关键的胜利。人生亦如是。中华文化尚水，如水一般的灵活性，正是中华文明经久不衰的重要原因之一。[1]

接下来，也是本书的第三个板块，我会围绕如何构建灵活性来展开讲。

1　引述自汤超义：《掌控人生主动权：孙子兵法与人生战略》，上海财经大学出版社，2018，第 329-330 页。

● 觉察

一切灵活性的基础,在于觉察。到底需要觉察什么?怎么觉察?

我在给客户做教练时发现,很多人在婚姻、事业、人际等不同方面的痛苦,实质上是来自同一个"根源"。觉察到这个"根源",对一个人的改变是至关重要的。讲个案例。

有一个来找我做咨询的客户 A 先生,他最初是因为工作中遇到瓶颈来找我的。他觉得自己在团队中获得的支持非常少,但他能够意识到是自己的问题,他很不愿意求助,不论是向上级,还是向同事。他倒是愿意向好朋友们求助,但好朋友们工作能力和阅历都不如他,陪他喝喝酒、听他吐吐槽是没问题,但给不出任何建设性的意见,更不要说给他提供什么职场发展所需要的人脉了。他抱怨说自己工作压力大,还有一个原因,是家里全靠他一个人,老婆不但工作能力不行,没办法分担家中的经济压力,而且非常欠缺认知能力和经营家庭的智慧。他回家之后,如果跟老婆抱怨工作,她最好的状态也就是安静地听着,他甚至觉得老婆连做家务都没什么章法,有时候还要他来教。他感觉身边没有一个靠得住的"队友"。

回到前面的问题,为什么说很多人的不同的痛苦,实际上可能来自同一个根源?这个根源就是对一些旧有模式的无意识重复。

在 A 先生的例子中,他所抱怨的家庭中的"不如意",其实跟他形容自己的好朋友时非常相似。他把工作上和婚姻中遇到的问题,都归结为"我总是一个人,我总是要靠自己,别人都靠不上"。但事实上,他并没有意识到，自己在所有人际交往中都呈现出了一种模式：他在交往的过程中，喜欢自己是关系中更优秀的那一个，他享受这种优越感。求助在他的潜意识中等同于示弱，他无法接受自己是关系中较弱的一方。因此，他喜欢跟看上去工作能力和阅历不如他的朋友在一起，在择偶的时候，也倾向于找一个看上去各方面比自己弱的伴侣。哪怕周围有一些比他更强的人，他也选择性地只看到这些人身上不如自己的方面。他后来反思说："我即便跟特别优秀的人在一起，也很喜欢自己单方面输出，一直是我在说，连提问都很少。"这实际上都是为了在关系中保有一种优越感。这也是为什么他虽然已经意识到了"我不善于求助，我需要在工作中学会求助"，但依然觉得很多事开不了口，等到真正需要跟上级、跟同事沟通的时候，他会找一些借口来逃避求助，比如"上级对我有偏见，找了他他也不会帮我""同事都很忙，我只能靠自己独立完成"。与其说是他周围的人都靠不住，不如说是他的固有的思维模式导致他总是把自己放在无人可依靠的局面中。

A 先生所面临的是一种很常见的心理状态，即因为不够自信而极力寻求"我比你强"这种优越感。阿德勒认为，人会由于内心的自卑而陷入焦虑，为了弥补这种自卑，有些人会将焦虑情绪外化——致力于从他人身上寻求优越感。但显然，这样的做法只会隐藏问题，让人把精力用于逃避问题，而不是解决问题，最终，往往会导致迟疑不决和退缩不前。

至于 A 先生的问题是如何解决的，我们晚些再讲。**有一点可以确定：要突破瓶颈，从根源上达成发展和成长，就必须觉察并突破旧有的模式。**

在岁月静好的时候，这种旧模式我们通常是觉察不到的。

人的大脑常常会处在一种惯性的状态当中，沿着旧有的模式，不经思考和觉察地去行动。心理学称这种模式为"自动驾驶"模式。你好像坐在一辆车上，这辆车自己就会往前开，照着惯性去做事。很多时候，自动驾驶的模式是省力的、舒服的。在康庄大道上自动驾驶，似乎没什么问题。像前面那位 A 先生，他在职场上不求助，在婚姻中找一个所谓"帮不上忙"的妻子，绝大多数情况下，他能享受到那种"我比别人都强"的优越感。我们在做心理咨询或教练的时候，一个非常重要的工作，就是帮助客户看到这种"自动驾驶"的思维模式。

● 困境是唤起觉察的契机

什么时候有可能唤起觉察呢？恰恰是遇到困惑、困境，甚至是感到痛苦的时候。 对大部分人而言，哪怕道路出现颠簸可能也没有用，只有车没有信号了，人眼看着车就要开到悬崖边上了，才会开始反思：我是不是要做点什么？是不是要刹车？方向盘要怎么打？否则，再这么自动驾驶下去会危及自身安全。

当然，确实有些人自我觉察能力比较强，比如孔子的学生曾参说："吾日三省吾身：为人谋而不忠乎？与朋友交而不信乎？传不习乎？"意思是，我每天都经常反省自己的所作所为：替人办事是否尽心尽力？与朋友交往是否诚实守信？老师传授的知识是否复习了？像曾子这种贤者，能够"三省吾身"，不需要任何困境，甚至不需要借助外力也可以自己发现自己的思维盲区，能够自主养成一种自我觉察的习惯，这当然是最理想的状态。但这毕竟是少数，因此，当我们遇到困难、困惑、困境的时候，可以转换一下心态，对自己说：这或许是自我觉察的好机会，我也许可以静下来做一些思考。我常听长辈说，顺境的时候多做事、多帮人，逆境的时候多读书、多思考，就是这个原理。

无论我们以何种方式获得这种觉察，它对我们整个人生的发展和福祉，都起着至关重要的作用。有一位母亲 B 女士找我求助，因为她女儿 C 小姐在闹离婚。C 小姐二十九岁了，一直是"以我为尊"的状态，一言不合就暴怒，稍有一点不顺心意的事情就直接开骂，亲密关系和工作都不太顺，家长为女儿的事一直非常揪心。B 女士一直以来最操心的事就是：女儿这种性格，有谁受得了啊？但让 B 女士很宽慰的是，女儿遇到了一个挺包容的先生。待女儿结婚，B 女士就感觉自己的"任务"完成了，悬着的心都放下了，结果女儿说要离婚，说的理由在妈妈看来都是些非常小的事，所以她坚决反对，母女二人因为要不要离婚的事吵得不可开交。

B 女士说："这事真是让我非常担心，我最近经常睡不着觉。她这种性格能找到这么好的老公多难啊！我和她爸是会老的呀，以后谁来照顾她？"说到此，她开始反思自己："归根结底，还是我的教育有问题，我之前太宠她了。我的原生家庭对我要求太过苛刻，过度管束，现在回想起来都非常窒息。我生孩子之后就立志要给孩子一个宽松的环境，让她能够随性而为。她父亲非常忙，很少陪伴女儿，也觉得自己对女儿有所亏欠，所以女儿的任何要求我们几乎都会答应。以前女儿说不爱读书，我们就帮她想办法花钱出国,学校好不好、成绩好不好都没关系,女儿开心就好。她回国之后,我们给她找了个稳定的工作,工作也不忙,没想到女儿看领导不爽就辞职了,非常任性,现在居然要离婚……"

不知道大家发现了没有?这位家长在过去的二十多年里都没有意识到自己的教育方式有问题。女儿不想高考就出国嘛,有什么大不了的。成绩不好,就帮忙找工作。女儿辞职,她虽然心里觉得女儿有些任性不靠谱,但也觉得不是什么大事。直到这次女儿要离婚,从母亲的视角看,这是她的一个"困境",她实在是受不了了,才想到自己之前的教育方式可能有问题。

有些人可能会说,女儿都这么大了,现在才觉察到是不是晚了点?但是,从一名教练的角度看,这其实是一个不错的开始,标志着改变的可能性,而这种改变让她和她女儿都更有可能走向更幸福的人生。**困境是唤起觉察的绝佳契机。**

强调一下,这个困境一定是自己感知到的,与他人的感受无关。很多父母在听说孩子遇到困境的时候,喜欢说一句话:"你长大就会发现这真是小事。"然而,一颗沙粒可能就是压在某人身上的一座山。也有时候正好反过来,孩子觉得不是什么大事,家长却觉得这是天大的事,会来找我说:"落雁老师,你要帮帮我家孩子,他再这样下去就要孤独终老了……他再这样就完了……"其实,对于困境的定义,或者说这件事究竟是大事还是小事,都在于我们内心的感知,与他人无关。

我们在困境中可能会发现自己要换个活法,也能够觉察到之前自己的

模式可能有问题,但还需要能抓住问题究竟在哪儿。而觉察的难度也在于此。

在 B 女士的案例中,她处于"困境"中,开始反思自己,意识到自己之前对女儿的教育出了问题,但还没有真正意识到问题出在哪儿。在她的视角里,她觉察到的是自己对女儿"太宠溺"了,因此这次坚决不能让女儿这么任性了,都找到了一个这么好的男人,很难得,绝对不能离婚!而实际上,女儿的"任性",恰恰是父母"包办一切"带来的。女儿一遇到困难,父母就说:"我们来解决吧,爸妈都搞得定。"母亲还要强势介入女儿的婚姻选择,其实这个动作还是在继续"包办"。正是这种对女儿从小到大一路的保驾护航,让女儿丧失了独自面对挑战的能力,如同被父母折断羽翼的小鸟,失去了长成羽翼丰满的成年人的机会。

随着我们教练工作的深入,B 女士最终也发现自己需要做的是真正"放手",让孩子成长。不过有意思的是,她意识到这一点之后,紧接着就说了这么一句话:"你能不能给我女儿做心理教练,我来付钱。"

还是想"包办"!

我跟她说:"可以的,但必须是您女儿自己愿意来,而且不能由您给我付钱,一定是她给我付钱。这必须是她自己的决定,她也需要为自己的决定付出努力。"至此,我和 B 女士的教练关系就告一段落了。

其实,不只是 B 女士,有些行为之所以被称为"模式",就代表了它们常常是根深蒂固的,需要自己不断觉察,或者有他人不断提醒自己,才会慢慢调整过来。

后来，B女士的女儿C小姐也来找我给她做教练。她一开始就很直接地说："我要离婚，你教我怎么让我妈不要再烦我了，同意我离婚。"这看上去目标很清晰。

我们之前说过目标驱动可能是有问题的，至少是不够的，因为我们的"目标"可能只是个表层目标，甚至是个伪目标。所以我们主张大家要价值驱动。因为**价值驱动的思维习惯，可以帮助我们唤起觉察。**

我是怎么通过价值驱动来帮助C小姐唤起觉察的呢？我不断问了几个why，比如："为什么想让妈妈'不要再烦你'呢？"

其实，关于离婚这件事，她觉得自己想得很清楚了，两个人因为感情结合，现在因为生活琐事把感情消磨掉了，平时几乎不说话了，她觉得没必要再继续。但她的关注点在于妈妈不断拿这件事来烦她，让她不堪其扰。她说："这是我自己的事，我难道都不能自己做决定吗？"

"自己决定"，这几个字她已经反复提过了。于是我又问她："你已经多次提到了'自己决定'这四个字，自己决定对你来说为什么这么重要呢？"

我就不赘述我们的对话了。我希望大家重新思考这个关键问题：为什么说困境是觉察的绝佳机会？而困境和价值驱动之间又有什么关联？

大家有没有发现，妈妈来找我是因为女儿要离婚，女儿来找我也提及了离婚，感觉这是件大事吧？但我并没有关注C小姐为什么要离婚，也没有问婚姻的细节……为什么呢？因为C小姐的困境并不在离婚这件事上，至少从她的主观感受上说，想要离婚，这件事她已经想得非常清楚了，甚至我能感觉到，这其实是她为数不多的真的觉得自己想清楚的事。她真正的困境在哪儿？在于妈妈不让她自主决定，强势干预。这是她真实感知到的困境。因此，当我们继续探讨为什么要自己决定的时候，她开始慢慢意识到，她觉得自己的人生很混沌，虽然平时都是我行我素的，但她其实从来没有真正"自己决定"过什么，除了结婚，这个男人是她自己找的。她原来并没有意识到她的生活方方面面都缺乏对自我价值的追求。因为大事都是父母安排的，她完全感受不到自己的价值，但是她内心有追求自我价值的渴望，于是，她把这样的渴望投射到了这段婚姻中，但很快，丈夫不那么哄着她、捧着她了，她在婚姻中也丧失了价值感，但这一切的根源，是她始终缺乏对自我价值的自主追求。

当她意识到这一点之后，我们便在她自己强烈意愿的驱使下，花了比较长的时间去探讨"自我价值感"的问题，尤其是"怎么追求自我价值"。她觉得还是应该找到一份自己热爱的事业。她从小到大唯一坚持和喜欢的就是烘焙，她想试试。

通过这个案例，我想与大家分享一件很重要的事：我们所感知到的困境，或者说最初表现的问题，未必真正是你最需要解决的问题。但它会是一个引子、一个线索，告诉你现在的生活有些"不对劲"，而当你去探索到根源的时候，你常常会发现问题的解法或许在别处。

在我和 C 小姐后来的教练对话中，她已经不太跟我提离婚的事了，因为她发现离不离婚都不重要，她不会在婚姻中继续找寻自我价值，也不会把坚持离婚这件事作为反抗父母的一种方式，并以反抗来体现自己的独立意志。她只是在专注地探索如何追寻一份热爱的事业。

如果你也面临一个困境，比如：我要不要辞职？我要不要换个行业？也可以借助这个案例中的思考路径，通过价值驱动来挖掘真正的问题，进行自我觉察。我们 KnowYourself 之前有一句标语，叫：觉察即自由。觉察不单单是改变的开始，有时候甚至就是问题的解决之道。前面说到的那个事业遇到瓶颈的 A 先生，当他觉察到自己的模式，发现自己总是想要在人际关系中体现优越性之后，他不擅长求助的这个问题就解决了。大脑是具有欺骗性的，他每次在求助的时候，会自动冒出很多想法，比如"老板不喜欢我，肯定不会帮我"。当他意识到这是自己的人际关系模式在作祟的时候，他就放下了这些"借口"，迈出了求助的第一步。

这也就是为什么我在强调自主性的时候，还要让大家保持灵活性。**在一个灵活的状态下，自主三角甚至都不是一成不变的。我们今天所坚定的价值和身份、让我们充满动力的愿景，可能会随着我们认知的提升，以及眼界、阅历的变化而发生改变。当我们遇到困境的时候，这往往也给了我们一个绝佳的契机，让我们重新审视自主三角，找到人生的核心驱动力。**

这几个案例展现了自我觉察的重要性，并体现出困境是自我觉察的绝佳机会。接下来，我会讲几个典型困境，比如：感到迷茫，看不清未来；有愿望，但总觉得"我不行"；焦虑纠结，无法行动；面对新的事物和变化，无法适应；不知道自己的坚持是否正确；等等。处于这些困境时都是我们最需要唤起觉察的时刻。

第十四讲

愿景引领：如何做到不纠结、不后悔

你会不会时常陷入迷茫、纠结、后悔？

我们前面反复讲自主三角，我们的决策最终都需要落到价值驱动的层面，去做真正对的、重要的事。照理来说，做到价值驱动，我们就不会纠结，也不会后悔。但事实并非如此。讲个小故事。我有个朋友，他从大学毕业之后，就进入银行做柜员。当时，我们的城市车辆上牌比较严格，有朋友问他，代拍车牌挺挣钱的，要不要一起做？他一想，能挣钱，没什么门槛，自己也有时间，就去做了。这件事的价值是什么？就是挣钱。他也确实挣了不少，比他当时的工资还多。但后来他一直跟我说，去代拍车牌这事是他做过的最后悔的一个决定。

怎么回事呢？他入职五年之后发现，和他同时间进入银行的几个人都有了明确的职场定位，都升职加薪了，因为人家把空余的时间用在学习和自我提升上了。而他还在原有的岗位做一个基层的柜员，也不知道自己到底要往哪儿发展。他还跟我说:"当时真的是没想清楚,净盯着眼前了。你说我当时多挣了那些钱有什么用?也就是多买了几双鞋,多吃了几顿好吃的。"实际上,他当时也是纠结过的,想过代拍车牌这事到底值不值得做,有没有更重要的事可以去做,但是因为他对自己的职业或者说整个生涯发展没有清晰的想法和规划,所以既然当前能有收益,他就先做着了。

这个例子反映了一个普遍的现象:很多时候,我们以为自己看重的价值,几年之后回看就没那么重要了,或者说,长远来看,其实优先级排序不高。这就导致要么是事前容易纠结,要么感觉怎么做都会错,或者事后后悔,觉得"哎呀,当时要是选另一条路就好了"。

● 什么是愿景引领

如何做到对自己的选择不纠结、不后悔呢?我们需要看一看未来的图景。

这就要讲到自主三角中的愿景引领这个部分。**愿景,指的是对未来期望和理想状态的清晰、具体和激励性的情景。**

人常常是"短视"的,第一眼只看到眼前的利益和价值,于是我们就会牺牲未来的满足感来换取现在的快感。比如说,在一些明知很重要的事情上拖延,然后安慰自己"还有时间""还有机会""下次一定"。预设未来的"情景",能帮你把时间的维度拉长,你就不会把眼光只放在眼前的事情上。

这里有一个关键词："情景"。为什么说"情景"这个词很重要？因为哪怕理智上我们知道某件事对未来的影响，但是可能会缺乏情景感受，所以便没有情绪上、感官上的驱动力。因为未来的画面是模糊不清的。比如，我们都知道总是吃油炸食物不利于健康，但是，当一块色香味俱全的炸鸡放在面前的时候，很多人还是忍不住。因为我们的整个感官都被炸鸡调动起来了。相反，未来那个不健康的自己的形象其实是很模糊的。用心理学的术语来讲，我们对未来的自己"缺乏共情"，因为"未来的自己"的形象太不清晰了，我们现在的选择对未来的影响太不明确了，所以感知不到。相反，如果未来的画面很清晰，我们就更能感知到当下的选择对未来的影响。

神经科学的研究支持这个结论。研究发现，当人想象一个画面，和真的看到某个画面的时候，前脑岛、辅助运动前区和右侧前额叶皮质这三个区域都是高度活跃的，就是说，想象和真实体验的脑部活动是类似的。而且要尽可能想象得具体、细致，越是这样，就越有身临其境的体验。我有一个朋友劝他爸爸戒烟，光靠说是没用的，他收集了很多吸烟者的肺部图片，还有对肺癌患者生活的详细描述，把这些材料给他爸爸看，说："你再这么抽下去，以后就会变这样了。"他爸爸稍微受到点触动，减少了吸烟的量，但还是戒不掉。在他太太怀孕之后，他又收集了很多吸二手烟导致孩子畸形的图片，给他爸爸看，这下他爸爸被震撼到了，居然就把吸了多年的烟给戒了。对第三代的责任感以及这些画面的"情景实感"，真正地触及了他爸爸的内心深处。

当我们容易陷入纠结、后悔的时候，一定要去想愿景，去构建那个"未来的情景"，去把"未来的自己"拉到眼前来。如果维持现状产生的结果与愿景发生冲突，我们就会比较分析：我是要继续维持现状而放弃愿景，还是中断现状去实现愿景？看向未来的图景，改变现状的动力就会大增。

和大家分享刘耀粧女士的"人生银行理论"：人生在世，吃苦就像往银行存钱，享福就像从银行取钱。吃苦越多，存钱越多；享福越多，取钱越多。如果吃苦比享福多，就给未来积存了福报；如果享福比吃苦多，就透支了未来的福报。吃苦享福守恒：人一辈子吃多少苦、享多少福总量相等，现在不吃苦，将来要吃回去；现在把福享完，将来就没有了。[1] 刘耀粧是谁？她就是我奶奶，也是一位小学校长。我奶奶这一生受了很多苦，但她特别善于用愿景来激励自己。有时候，人生中的苦难让我们感到无力，甚至悲愤——我并没有做错什么，为什么要受这样的苦？很多人遇到这样的情况会自我安慰说："会好起来的。"这种自我安慰最大的问题是不够具象。奶奶其实就是把"会好起来的"具象成了在人生银行存钱和取钱。当我们想到现在经历苦难是在给我们的人生"存钱"的时候，我们似乎就多了些坚持下去的动力。

从短期的角度上看，愿景能有效地激励我们去完成眼下的事。比如，协助我一起做心智成长训练营的方意淼老师，他上大学的时候是排球队的，他们平常的训练是很枯燥很辛苦的，他的好多队友都想办法逃避训练，有的时间久了干脆就不去了。但是他不会，他甚至还经常自己跑去加练。他

---

[1] 引述自汤超义：《掌控人生主动权：孙子兵法与人生战略（增补本）》，上海财经大学出版社，2019，第378页。

告诉我，促使他坚持的动力，就是两个情景。第一个是他曾经经历过的失利情景。一个很重要的比赛，他们拿了历史最差的成绩，坐在休息室一言不发的情景让他不想再经历第二遍。第二个情景就是他希望中的情景，他和队友一起站在领奖台上领奖、唱校歌、开庆功宴。这个情景对他来说特别有吸引力，特别想实现。他也一直拿这个情景去激励自己。在他的不断努力之下，这个美好的情景也确实成真了。

从长期的角度上看，愿景能帮助你真正认识到自身认可的价值，指引整个人生的方向。

尼采说，倘若一个人知道自己为什么而活，就可以忍受任何一种生活。[1]

我们很容易陷入当下的问题中，其实，当下的问题可能是无解的。但是，当你站在足够远的地方回看现在，你就能跳出当下的问题本身，可能就会意识到，眼下的问题其实并没有多么严重，也没有多么可怕。你就会发现，当下的痛苦和纠结是多么不值得，你就会冷静地去处理，或者根本就不去处理，结果，你惊讶地发现，那个无解的问题居然无须消解便消失了。

● 从愿景推导价值

我有一个客户在山区支教多年。支教条件艰苦，我问她想没想过放弃，

---

[1] 引述自弗里德里希·威廉·尼采：《偶像的黄昏》第一章"格言与箭"。直译为：倘若一个人拥有了他生命的"为何"，就几乎能容忍所有的"如何"。

她说，想过的。尤其是刚开始的时候，一来是环境不适应；二来是家人也都劝她，支教又苦又没钱，不如回城里过舒服日子。后来是什么让她坚持下来的呢？她在最想放弃的时候想到了这么一个画面：当她老了之后，那些她教过的孩子回来看望她，告诉她，因为她的教育，自己走出了大山，过上了更好的生活。这个画面对她来说特别美好，令她十分向往，也成为她继续坚持的动力。通过这个画面，她也更明确了，相比于自己的舒适，对她来说更重要的价值，是利他，是帮助别人。后来，除支教之外，她也围绕着"利他"这个核心价值做了一系列的事情，比如参与公益基金、学习心理咨询等。

为什么愿景能推导出价值？因为愿景能够激发感受，感受是真实的，很难骗人。比如，现在有一种职业心态：打工就是为了挣钱。我有一个客户就是这样，他来找我是因为觉得自己遇到瓶颈，收入水平上不去了。他一开始很明确地说，钱就是他最看重的价值。我请他想象有了很多钱的画面，他给我描绘了自己住高级酒店，搭商务舱各处旅游的情景。我又请他想象另一个画面：还是住高级酒店，搭商务舱，但不是去旅行，而是到处工作，几乎没有私人时间。然后我问他，这是不是他想要的人生。他想着想着，露出犹豫的表情。我又请他想象住青旅、乘绿皮火车各处旅游的情景。这回他不自觉地笑了。其实，我问了这个问题之后，他就明白，自己在乎的其实不是钱，而是自由的生活状态。他挣钱也是为了达成自由的生活状态而已，经济自由只是达成生命自由的一个方面。既然现在工作遇到瓶颈，为什么不先放下执念，去享受一下这样自由自在的生活？在这个案例里，正是对愿景的探索，帮他找到了自己真正认可的价值所在。

每个人都可以尝试去想象愿景，想象未来的画面，用这个画面去指引自己，并去感受这个情景中最有吸引力、最带来满足的部分是什么，其中就蕴含着对你来说重要的价值。说到此，你可能会有疑问："我想不出愿景怎么办？"

这也是在我做教练的过程中，来访者常常遇到的问题，不是所有人都习惯畅想未来。想象愿景有一个基础，就是要有足够的"素材"，人没法想象自己完全没有接触过的事物。因此读万卷书、行万里路是不无道理的，多去看、去接受、去体验、去经历、去看各种各样的人不同的生活，都有可能打开我们的想象空间。

有了素材，我们还得用这些素材去把愿景描绘出来。一般我们会有两种方式：一种叫"构建法"，另一种叫"捕捉法"。

● 构建法

先说构建法。构建法就是通过一些引导性的提问或者说想象，去构建一个未来的图景。可以是专业人士的引导，也可以是自我引导。比如，一个特别典型的提问方式，叫作"奇迹问句"。"假如你有一个魔法棒能够让一个奇迹发生，你会希望发生什么？"当然，你也可以构建其他场景，比如："睡觉的时候，发生了一个奇迹，这个奇迹使困扰你的问题消失了。第二天早上醒来，你会观察到什么？"前半句讲"发生奇迹"，是为了让你突破限制去畅想；后半句问"你会观察到什么"，是为了让你想象出具体的画面。当然，很多人一开始在想这些问题时，内心会冒出一个声音：这不可能实现。而我们使用构建法的重要原则恰恰就是：不要想到底现不现实。因为只有这个时候你才能突破原先内心的阻碍，获得一个新的视角。

一件过于美好的事情，才能激发你内心真正的渴望，你如果每次都想着现不现实，就很难看到内心真正想要的是什么，因为它们都被现实束缚了。哪怕奇迹不会出现，哪怕这个画面过于美好，它也是有重要意义的。不是说你一定要让这个画面百分之百实现，而是通过这个画面去挖掘、去探索，感受最吸引自己的部分，从而推导出自己认可的价值。

我常常使用的一个技术叫"引导沉思"，通过冥想，去畅想未来。比如，想象你有一个能看到未来的水晶球，你能从中看到十年后的理想生活，你会看到什么？无论用"奇迹问句"，还是用"水晶球"，实际上都是为了帮助你抛开现实的限制去想象。

我常常邀请客户想象自己坐上了时空穿梭机，到自己的晚年去看一看。为了帮助客户想象出更具象的画面，我可能会说："晚年的你，正坐在家里的摇椅上，看着窗外……"或是："那一天，是你的八十岁生日……"给大家分享一段我常用的引导语：

"我想邀请你选一个舒服的姿势，等你准备好了，可以闭上眼睛。先做几次深呼吸，深深地吸气，缓缓地呼气……感受吸气的时候，气流从你的鼻腔进入你的身体，感受身体随着气流的进入微微膨胀……呼气的时候，让所有气体顺着鼻腔缓缓呼出……接下来，进入自然的呼吸节奏，不需要去控制它，只是感受气流的进出和身体的起伏……现在，想象一下你乘坐时光穿梭机，来到了自己八十岁的生日晚宴上……**想象那个时候的你，已经实现了自己所有的梦想**……那一天，每一个重视你的人都来到了你身边。不用去考虑他们那时是否还在世，只要你希望他们在身边，就想象他们在那儿……想象他们脸上会有什么表情，对你笑，或是为你感到骄傲……想象他们走到你身边，对你说了一句话……他们会说什么……（停顿较长时间）那个时候的你，会是什么状态……穿着什么样的衣服……有什么样的神态，什么样的动作……又会是怎样的心情……你回顾自己的一生，会有什么样的感受，会有怎样的感慨……如果那个时候的你，见到了从今天穿越到未来的那个年轻的自己，你会对这个年轻的自己说些什么……（停顿较长时间）。"

捕捉法

我曾经遇到过一位来访者，他用任何引导工具都描绘不出未来的画面。这个时候就需要用"捕捉法"。

愿景是一定会有的，只是有些人因为过往的经历或者个人特质等原因，调动画面和畅想未来的能力被压抑了，所以他们不知道该如何调动。这个时候要去捕捉一些"线索"，以导向未来理想图景，这可以从真实生活中去找。

我有一个客户，从基础行政岗位做到秘书，做到总助，成为公司高管，她一直以来的工作习惯就是围绕着领导的需求解决各种问题，而且这些需求一般都是当下的需求，最多是这个月的安排，导致她很不喜欢畅想未来。她来找我求助的时候，是觉得自己出现了严重的职场倦怠，但不知道自己为什么倦怠。她觉得现在的工作最适合自己的优势和个性，收入和付出也是对等的，老板也不错，但就是说不上哪里不对劲，工作越来越没动力，每天都不想去公司。我在问她与身份和价值相关的问题时，她看似都很清楚，她觉得自己的身份就是一个靠谱的人，领导交办的事她能够协调好、交出满意的结果，而她所追求的价值也是他人的认可，这份工作非常符合她的需求。

当自主三角中的身份和价值看上去都没问题，但依然内耗和痛苦的时候，往往是愿景部分出了问题。

果然，当我问和愿景相关的问题时，她感觉回答起来都非常困难，比如：你想要的理想生活是什么样子？如果没有任何限制条件，你想要一个什么样的人生？诸如此类。各种"构建"愿景的提问方式，对她似乎都没什么用，想不出来……但在这个过程中，她提了一个听上去特别"现实"的想法，她说："秘书岗位的职责就是围绕领导的需求开展工作，这么多年，我几乎没休过假，好想放个长假。"

当我们脑海中出现"好想"两个字，我们就可以去"捕捉"了，因为"好想"的背后有可能存在愿景的线索。我问她："如果放个长假，你想做什么？"

客户："想去欧洲玩一段时间。"

我："欧洲为什么这么吸引你？"

客户："我喜欢欧洲的建筑。"

我："还有吗？"

客户：（沉思……）"想不出来了。"

我发现，这位来访者似乎对自己想要的一切都很难想象出画面，却可以明确地说出自己想要看欧洲的建筑，这背后或许蕴藏着一些线索。我鼓励她继续描述。

我："我想邀请你去看一看你心目中的欧洲建筑，在你的想象中，那些建筑是什么样子？"

客户："我看到了建造了一百多年还没有完工的巴塞罗那大教堂……我看到了很多建筑上留下了战争的痕迹……从那些建筑中，我可以看到历史的厚重感和现代相结合的画面，融合得很好，非常和谐，毫不突兀，好像这些建筑有生命一般，持续地，从几百年前到现在一直存在，历经过岁月沧桑……"

这个时候，我在深度聆听，用扼要复述的方式回放客户说过的内容，并询问感受："我感受到你在形容这种厚重、持续的'存在'的时候，语气和神态都发生了变化。当你说起这种厚重、持续的'存在'时，你的内心有什么感受？"

客户："我觉得汗毛都竖起来了，不知道为什么……"

我："你之前说自己很少渴望什么，但我似乎听到了你的'渴望'。"

客户："是的，我觉得我对这种厚重、持续的'存在'有一种渴望……"

在这个案例中，我们从去欧洲旅行这个想法里，捕捉到了"对厚重、持续的'存在'的一种渴望"，这段对话后来就导向了她的愿景。通过这个愿景的引领，她意识到了自己原来以为的价值和身份，其实是不充分的，她内心有一些被压抑的渴望，她的痛苦正是由于这些渴望与她现实的生活相去甚远。现实中，她是一个"围绕领导的需求"开展工作的人，工作中缺失"存在感"，而工作所限，她强迫自己做个靠谱的人，因此特别关注近期需要注意的种种，却忽略了自己作为一个个体的长期价值。而通过捕捉的方式，她看到了自己被压抑的一部分愿景的画面——厚重、持续的"存在感"。

如果你也很难想到一个清晰的愿景，我建议你从生活的细节中去捕捉。一个很小的期待，一个打动你的画面，一个很打动你的电影片段，甚至一个你很喜欢的句子，只要是能引起你的向往的，都可能成为你构建愿景的线索。

以上我展开讲了如何让愿景引领我们的生活，让我们把目光看向未来，而不单单关注现在的价值。这样才更有可能做到不纠结、不后悔。我也介绍了构建法和捕捉法这两种帮助我们探索愿景的方法。

我们通过捕捉法和构建法去找愿景的时候，可能会遇到一个困惑点：愿景太缥缈或过于美好，似乎跟当下没有关联。

有时，愿景画面总在变。比如，有时候在我们想象的理想图景里，会冒出几个孩子，有时候又出现自己一个人很逍遥的画面。这个时候怎么办？

前面介绍自主三角模型的时候提到过，自主三角中的愿景引领部分可以帮助我们推导出心中最在意的价值是什么，这也是愿景最重要的作用。而价值能够指导我们行动，也就是自主三角中的价值驱动。因此，我们在畅想愿景的时候，要格外关注那个理想画面中，到底是什么让我们觉得"理想"，是什么给了我们最大的触动。比如，虽然愿景画面中出现的人物、场景一直在变化，但我发现这些不同图景中最动人的都是——我过了如此精彩的一生，有过各种丰富的体验，从而发现，"过丰富精彩的人生"就是我的价值驱动。

愿景过于美好，许多人也会不自觉地有很多内心阻碍，比如，"这不现实""我绝对做不到的"等等。甚至形成一种习惯，遇到任何事，都先下意识地告诉自己"不可能"。这些内心的障碍，往往会真的让我们无法达成期望中的结果。下一讲，我重点说说如何处理内心中"我想要"和"不可能"之间的矛盾。

第十五讲

扫清障碍："我想要"和"不可能"打架怎么办？

很多人在畅想愿景的时候内心总会有一个声音，告诉自己"这不可能""太不实际了""别想这些有的没的"。这种对自己的否定，常常比外界的批评更让人难受、更带来内耗。这一讲，我来说说如何应对内心这些批评、质疑、否定的声音，扫除通往愿景路上的阻碍，甚至利用这些声音帮助我们更好地达成目标、实现愿景。

我们内心否定的声音，大多来源于心中的"内在批评者"。内在批评者的形成很大程度上与我们的原生家庭有关。今天我给大家介绍人际沟通分析（TA）中关于自我状态的一个模型。人际沟通理论是由著名心理学家、医学博士艾瑞克·伯恩在20世纪50年代提出的。伯恩总结了一个自我状态的模型（PAC模型），他认为，每个人都具有三种不同的自我状态：父母自我状态、成人自我状态和儿童自我状态。在不同的自我状态下，人会有不同的感受、思考和行为模式。

●●PAC 模型

P **父母自我状态:**
从父母或父母式人物那里复制来的想法、感觉和行为。

A **成人自我状态:**
与此时此地的知觉相关的想法、感觉和行为。

C **儿童自我状态:**
与童年知觉有关的想法、感觉和行为。

艾瑞克·伯恩的自我状态模型,也被简称为 PAC 模型,对应的就是 parent(父母)、adult(成人)、child(儿童)三个单词的首字母缩写。

父母自我状态,是指一个人从父母或其他重要权威人士那里吸收的思考、感觉和行为方式。其他重要权威角色包括对我们影响重大的长辈、老师等等。我们在童年时期,会吸收、内化父母或者重要权威角色的语言方式、行事风格,然后融合我们自己的经历、感知和理解,形成"父母自我状态"。这个父母自我状态常常就是我们内在批评者的来源。

我常常见到一些来访者,他们明明出色地完成了一项工作,却把所有注意力都放在自己遗漏的细节上,内心苛责自己"你明明还可以更好的""这点小事都注意不到,怎么这么粗心""不要自满,看看比你更好的人"。这样的声音就像是严苛的父母在批评、训斥一个孩子。这种父母自我状态，被称为"批评型父母自我"。

虽然父母自我状态也有其他类型，但是，对总是对自己说"不可能"的人来说，"批评型父母自我"是最经常跑出来的一种自我状态。

儿童自我状态，就是指一个人像童年时那样思考、感觉和行事。当一个人处在儿童自我状态的时候，就好像是内心的那个小孩跑了出来。有的时候，儿童自我状态会呈现出一种"叛逆"的感觉，像是"熊孩子"："我明明知道这样做不对，但我偏要这样，我就是不爽，我不爽你也不要爽……"这叫"叛逆型儿童自我"。另一种儿童自我状态，是一种面对权威顺从的、"战战兢兢"的状态，像一个犯错的乖孩子，觉得："你说的都对，我确实不行，我好弱，我需要被保护……"这叫"顺从型儿童自我"。还有一种儿童自我状态是，难受就哭，开心就笑，喜欢玩闹，无拘无束。这叫"自然型儿童自我"。

如果一个人的内心中，这个战战兢兢的顺从型儿童自我遇上了批评型父母自我，就会呈现出自我苛责的状态。批评型父母自我说："你不行的。"顺从型儿童自我则说："你说得对，我是不行，我真的做不到。"

成人自我状态，就是指一个人既不会重演自己的童年，也不会扮演"父母式"的人物，而是会基于此时此刻的感受，以及客观环境、条件，结合过去的经验评估各种可能性，这时，这个人就处在成人自我状态。

强调一下，什么叫"此时此刻"的感受？

我们的成人自我在感受到委屈、愤怒等情绪的时候，往往只是针对当下发生的事件本身。

有时，我们被一些人激怒，事后会感觉，虽然对方确实过分，但是自己的反应也有些过激了。很可能在这种委屈、愤怒的时候，我们就不是在以成人自我状态感受当下发生的事件，而是因为这个事件触发了我们对一些其他伤害的回忆，过往的情绪又被唤起了，我们可能进入了感到委屈的儿童自我状态，或是一味指责的父母自我状态。当然，情绪本身没有对错，只是我们要去理解，为什么有些时候自己会处于一种看似过激的或者不理智的状态中。

这里就要讲到父母自我状态和儿童自我状态对成人自我状态的侵入。我们虽然年龄上已经是成年人了，但是内心中的"父母"和"孩子"会时不时地跑出来，支配我们的感受、思维和行动。这个过程往往是不自觉的，甚至会让我们误以为这是我们理性思考的结果。

举个例子。我之前特别害怕看到上级或者朋友失望的表情，因为害怕别人失望，所以会过度讨好，比如明明特别累了，躺在床上准备睡了，朋友说想让我陪她聊，甚至大半夜约我出去，我还是会从床上爬起来。工作上也是，有些不是我们项目组的应酬，因为没有人肯去，老板喊我去我也会同意。其实，我是特别害怕看到他人表现出失望。因为我童年时期就特别害怕看到父母失望的眼神，以致我在成年之后，在面对他人的失望的时候，总是会瞬间回到童年时那种害怕父母失望的心情中。

以前，我只是觉得我人挺好、挺懂事的。但实际上是我的顺从型儿童自我总是跑出来，这是我在学习心理学之前没有意识到的。我之前讲心智模式的时候说过社会规范型的人常常会感到无法拒绝别人,即便心里不舒服也控制不住地会做老好人,大多也是类似的原因导致的。有些人会因为顺从型儿童自我状态侵入而呈现出讨好的模式,他们渴望获得认可,会通过委屈自己、讨好别人,来争取别人的喜欢。

父母自我和儿童自我对成人自我的侵入,也导致了有些人的内在批评者根深蒂固。比如,有些人从小就生活在习惯批评、挑刺的父母身边,吸收形成了批评型父母自我状态,或者他们可能有顺从型儿童自我状态,把自我价值和父母的认同画上等号。长大之后,这两个自我状态就总是会跑出来,对成人自我状态造成影响。比如,很多带有"工作狂""完美主义""过度负责"特点的人,往往是父母自我状态不断在"说":"你还不够好。"而他们则将价值与得到父母的认同等同起来。他们太"相信"父母自我状态的评价,以致他们渐渐形成一种顽固的认知——我不够好。在这种认知之下,他们会不断苛责自己,要求自己事事都做到尽善尽美。当他们遇到了喜欢自己、认可自己的人时,他们可能会退缩,因为他们内心不相信自己是讨人喜欢的,甚至可能还会揣测说:"他这样对我有什么目的?是不是要利用我?"或者说:"他这样夸我不过是商业吹捧罢了,他肯定跟谁都这样说……"

简而言之,我们内心的批评者可能是儿童自我状态在说"都怪我""是我的错""是我不好""我不行",或者是父母自我状态在说"都怪你""是你的错""是你不好""你不行"……

还有一些人因为批评型父母自我状态侵入,形成了一种极为挑剔的性格，挑剔自我、挑剔他人，或是兼而有之。比如，这类人的口头禅就是："你应该……""你必须……""你不能……"

有些领导骂起下属来像训孩子似的："你这样下去还想保住工作?!""我要你何用！""你能不能给我省点心？"如果领导的父母自我状态恰好又勾起了下属童年时期那个战战兢兢、委屈、弱小的儿童自我状态，那下属会比一般人难受很多。

● 如何应对内心的批评

我遇到过很多批评型父母自我状态侵入的优秀来访者，正是不断挑剔自己这一行为，迫使他们成为更好的人。因此从现实发展的角度上，内在批评者有它存在的价值。当然，不断被鞭打而成长的过程，往往也是极为痛苦的。

因此，我们的核心解决方案是"去污染，存价值"。去掉的污染是什么？是批评声音中那些无端的贬低和伤害。留存的价值是什么？是批评声音中客观的、能够帮助我们学习的部分。

具体怎么操作呢？

我给大家介绍一个在教练技术中非常好用的技术——"三位置"策略。

三位置，指的是梦想家、批评家和实干家。

请看这三个圈，梦想家和批评家都和实干家挨着，但是梦想家和批评家是不挨着的。这是有特殊含义的。

梦想家　批评家

实干家

　　梦想家，顾名思义就是去畅想未来，不考虑任何限制条件去勾画一个理想的图景，前面说的愿景引领，就是指我们处于梦想家的位置去畅想、去体验。

　　这个也可以对应到 PAC 模型里的儿童自我状态。儿童自我状态，使得我们能够不受约束地去感受、思考和行动。就是像孩子一样去做梦！

　　有很多人似乎难以成为梦想家，怎么都勾画不出未来的愿景，就是儿童自我状态被压抑了。

　　伯恩说：理解自己的儿童自我状态非常重要，因为儿童自我状态不仅伴随我们一生，更是我们人格中最宝贵的部分。"儿童自我状态不是指一个人很'幼稚'或'不成熟'。"如果你用这样的词评价自己或自己的状态，这恰恰是因为你进入了一种父母状态中，在进行自我评判。[1]

　　有个关于第一个登月者阿姆斯特朗的故事，他小时候望着月亮跟妈妈

---

[1] 引述自艾瑞克·伯恩：《人生脚本：说完"你好"，说什么？》，周司丽译，中国轻工业出版社，2016，第 12 页。

说:"妈妈,我长大了要到月亮上去。"妈妈说:"好啊宝贝,去了月亮之后,要记得回来看妈妈!"每次他和小伙伴聊起这个故事,大家都非常羡慕:"如果是我爸妈,他们肯定会说:作业写完了吗?净想这些有的没的。""几天没骂你,你就想上天啦!你长大了能找着工作我就谢天谢地了,还到月亮上去……"批评型父母常常习惯说:你这不行,那不行,这不现实,那不可能……

工作中也可能发生这种情况,我们满怀希望地提了一个想法,或者做了一个自己很满意的方案,但是拿到领导那里,被劈头盖脸一顿批。这个场景其实就像重现了我们小时候和父母的对话:我们有一个梦想,一个天马行空的想法,我们沉浸在那个图景中,非常快乐,但被父母几句话就浇灭了热情,内心仿佛从高空跌落到地面,有种难以控制的失落。

这个总是在批评、提醒风险的角色,就是我们说的"批评家"。

这个时候怎么办呢?

首先,我们要觉察到这个"侵入"的部分,不论是被那个战战兢兢的儿童自我状态侵入,还是被那个苛责、批评的父母自我状态侵入,都会让我们放大自己的情绪。

我们先要排除这个部分的影响,就是上面口诀里的前半句"去污染"。

我有一个朋友对"你怎么这么笨啊"这句话非常敏感,一听到就很容易崩溃。当然,这话肯定是有一定的伤害性的,但哪怕是她伴侣打情骂俏的时候说:"哎呀!你好笨哟!"她也会大发雷霆,这在一般人看来是有点过激的。其实,这种过度反应背后,就是父母自我状态或儿童自我状态的侵入。这句话勾起了我这个朋友童年时的很多创伤。她从小到大,她的父亲都是这么骂她的,她稍微有一点点不合父亲心意的地方,就会被骂"你怎么这么笨",她就在这种恐惧中长大。

后来她是怎么处理的呢?她在遇到指责的时候,会先安安静静地想:"过往的伤害已经过去了,我不必让这些过往继续伤害我。"有时,情绪上头的速度太快,她还没来得及想太多就发怒了,但很快她就会问自己:"是谁在发怒?是不是我的儿童自我状态出来了,我讨厌别人指责我,就像我小时候讨厌我爸爸指责我一样?"实际上就是提醒自己回到成人自我状态去对话。

要识别父母自我状态和儿童自我状态的侵入,得先回到"此时此地"。我们在思考"我现在处于什么状态"的时候,事实上就把自己从情绪中抽离出来,回到了一个相对理性的位置,这个时候我们就更容易进入成人自我状态。

接下来讨论"存价值"。这一步最重要的是:我们不要让这个梦想家,或者说这个自由畅想的孩子,跟一个苛责的父母状态自我对话。我们看到这个三位置策略的图上,梦想家和批评家像两个耳朵一样,是没有交集的。

梦想家和批评家都跟实干家来对话。实干家是什么?是负责真正做事、把想法落地的。这个角色导向的是,关于梦想或是批评,回归到当下,我们能做点什么呢?其实就像是成人自我状态。

成人自我状态是"与此时此地的知觉相关的想法、感觉和行为"。因此,解决"我想要"和"不可能"打架最好的办法是回归到此时此地,让这个成人状态下的实干家来跟梦想家和批评家对话。

我有一个客户,他脑中的梦想家说:"希望能够做一些对社会有意义的事,希望能够在生命终结前,给这个世界留下点痕迹。"这话挺令人动容的。但这个时候父母自我状态的"批评家"就来了:"你就这么一个苦哈哈的打工人,想这些太不现实了。"或是说:"你刚毕业,工作都还没找到呢,就想给世界留下点痕迹,这不搞笑吗?"甚至有些话更难听,比如:"你注定是一事无成的。""你有什么本事,凭什么想这些……"

内在的批评家往往会抓住我们以前没做好的"经验"和我们未来肯定做不好的"预判"来批评和苛责我们,其实,外界的批评家,如父母、领导等,往往也是如此。这个时候,我们千万不要让梦想家跟批评家对话,不要让我们自由畅想的儿童自我状态被父母自我状态无情地苛责和打压。

还是回到此时此地,以实干家的身份对话,可以这样回击批评家:"你说我注定一事无成,你怎么知道我的未来?那都是还没发生的事。就当下的情况而言,此时此地,你说的话都不成立。"如果批评家还真有些建设性的建议,也是有价值的,我们就不需要一味地去反抗批评家,那就变成叛逆的小孩了。不妨更进一步用实干家来向批评家提问:"你说了这么多'不可能',为什么'不可能'呢?给我提提建议呗。"

当我们以成人自我状态去和其他自我状态对话的时候,对方也会逐渐地被拉回到成人自我状态来进行对话。

如果是内在批评家在攻击自我,我们也可以通过这样的自我对话,把内在批评家的"无端攻击"变成对此时此地有建设性的"风险预警"。

批评家可能会说:"我主要是担心,如果你一直空想未来,工作上一直无所成就,你慢慢就会丧失对自己的信心。"这就从"你干什么什么不行"的攻击变成了对当下有建设性的预警。接下来,实干家就可以把这个预警转化成建议。

前面说到的那个客户通过这样的自我对话,得出的结论是:"我的梦想本身没什么问题,我还是可以期待在自己离开这个世界前,能够留下点什么,能够做些对社会有意义的事,但我必须一步一步来,现在最重要的是找到合适的工作,基于我的梦想,我可以去一家给这个社会创造价值的企业。"

通过实干家对批评家的质疑,以及与批评家的对话,他的想法最终转化成了一个落地的行动方向,叫作:找一个工作。什么样的工作呢?所服务的企业要为社会创造价值。通过和实干家对话,我们的批评家,或者说我们的批评型父母自我状态,最终从压制、伤害我们的角色,变成了提出建设性意见的角色。用这样的方式,不论应对外界的批评家还是内在的批评家,我们都可以减少内耗。

总结一下,这一讲我们通过人际沟通理论的PAC模型,找到了内在"不可能""做不到"的批评声音从何而来。我们有三个自我状态:P——父母自我状态,A——成人自我状态,C——儿童自我状态。我们内心出现批评的声音,可能是我们的儿童自我状态在说"都怪我""是我不好""我不行",或者父母自我状态在说"都怪你""你不好""你不行"。父母自我状态和儿童自我状态常常会侵入我们的成人自我状态,让我们承担远超当下事件本身带给我们的情绪和痛苦，使得我们过度反应。要应对内在批评家，我们需要觉察这种侵入，并回到成人自我状态，关注此时此地自己的感受，看看自己是否能做些什么。尝试让实干家和批评家对话，将批评转化为建设性意见，达到"去污染、存价值"的结果。

"实干家"的作用很大。实干家还有一个作用是让我们把注意力放在行动上，下一讲我们会详细谈如何承诺行动。

第十六讲
承诺行动：焦虑的反面是具体

我们了解了如何用实干家去调和梦想家、批评家之间的矛盾，调和我们的内在冲突——避免批评家给梦想家泼冷水，强调要让批评家与实干家对话，把批评转化成对行动有指导性的意见。其实，我们也要让梦想家和实干家对话。

梦想家是自主三角中愿景引领的部分，愿景有助于找到驱动我们前进的价值，像汽车的发动机。归根结底，我们还是要把车开出去。否则，停车积灰，有再好的发动机也没意义。

当然，要付诸行动，也没那么简单。

我有一个来访者，向我咨询要不要换工作，反反复复纠结了很久。"自主三角"也想了，还做了各种可视化分析——这个工作的优劣势，换工作可能带来的问题，等等，越分析越纠结。他自己都说，如果他就安于现状好好工作，或者果断辞职付诸行动，可能都会比现在要开心一些。道理都懂，但面临选择的时候就是很犹豫。

● 我们为什么会选择困难

为什么会选择困难？有三个常见的原因。

第一个原因是选择过多，导致内耗加剧和行动力下降。

随着经济和社会的发展，我们的选择似乎越来越多。我有一些朋友开始羡慕自己父母的生活，毕业了就被分配工作，然后大半辈子的衣食住行就在单位的宿舍里完成了。他们知道，父母当时的生活条件远远没有我们当下这么好，也没有那么多选择，但依然很羡慕，因为没有那么多选择，也意味着他们不用将精力花在比较不同选择的利弊上。

当你有更多看似充满吸引力的选择时，你并不会感觉更好，你只会感觉更焦虑、更难以抉择。

有学者做过一项研究，告诉学生们可以从列出的话题中选择一个进行写作，写完就可以获得某门课的加分。一部分学生拿到的话题清单有三十个话题，而另一批学生的清单上只有六个话题。结果是：只拿到六个话题的那批学生，能更快地进入写作。

更多的选项，反而造成了人们实际行动的动力下降。社会科学家巴里·施瓦茨在《选择的悖论》一书中指出，**过多的选项造成了对认知过大的需求，使我们感受到认知负担，从而降低了去做选择的动力。**

第二个原因是受"可能的自我"（possible selves）所迷惑。

心理学中有一个概念,叫作"可能的自我"。它包含了我们当下追求的目标,也包含了与目标相关的、期许中的未来。[1]

在做出选择、付诸行动之前,每个人的脑海里都有多种多样可能的自我。就像小时候,未来的发展有无限的可能性,也就感觉充满了希望。而每当我们做出一个选择,尤其是所谓"重大选择"时,通往某个可能的自我的道路被打开了,而通往另一些可能的自我的道路就都关闭了。对应的那些可能的未来,也一并被放弃了。

选择了在大城市奋斗,就失去了在小村庄过田园牧歌生活的可能;选择了踏实稳定,就失去了向上跨越的可能。你在公司加班的时候,不小心刷到一个帖子说,某人三十五岁攒够三百万元退休去云南生活,看到人家展现出来的生活,你不禁问自己"我是不是也可以做这样的选择?",认为这也是一种可能的自我。

第五讲中,我提到过损失厌恶这个概念,相比于获得的喜悦,人更讨厌失去。我们之所以迟迟无法做出选择,也是因为总是担心失去那些没有被我们选到的未来,即便在选完之后,也可能出现"我是不是选错了,好后悔"的内耗。如果受到可能的自我的迷惑,只要做选择,不论得到哪一个,心里更美好的都会是舍弃的另一个。正如张爱玲的《红玫瑰与白玫瑰》所言:娶了红玫瑰,久而久之,红的变了墙上的一抹蚊子血,白的还是"床前明月光";娶了白玫瑰,白的便是衣服上沾的一粒饭黏子,红的却是心口

---

1 引自 H. Markus 和 P. Nurius 合著论文《可能的自我》(*Possible Selves*),发表于1986年《美国心理学家》(*American Psychologist*) 第 41 期,第 954–969 页。

上一颗朱砂痣。

第三个原因是，当下选择的重要性被过分夸大了。

有一句名言叫"选择比努力重要"，好像仅仅靠某一个"关键决策"，就足以影响人的一生。因此我们总会想着，一定要"考虑清楚""做好完全的准备"，才能做出选择。

每一个选择，都有不可知性，我们没办法准确预测未来。2020年，互联网还是"金字塔顶端"的职业选择，许多人削尖脑袋想进互联网大厂。两三年后，许多大厂员工期待的已经不是财务自由，而是不要被裁员。谁又能想到，几年前那些觉得"铁饭碗"没意思的大学生，毕业之后居然挤破头想做"公务员"、进"事业编"……

我有一位长辈，普通家庭出身，和当时千千万万的家庭一样，他也面临了一家只能供一个孩子读书的情况，有些孩子甚至因此怨恨了父母很多年，因为当时很多人都觉得读书是改变命运的唯一方式。"唯一"这个词听着就觉得沉重。而他却主动选择不读书，去当兵。他不是做了多少理性分析，而是单纯地想把读书的机会留给弟弟妹妹。他当了几年兵，退伍之后，先是被分配了一份工作，后来，他抓住机会，开始了自己的创业之旅。在他成功之后，他回想自己的经历，总会说当兵这几年对他的影响非常大，锻炼了他坚韧不拔的意志力。他并不觉得，如果当年他"抢"到了读书的机会，就一定会比现在过得更好。他告诉我，当初做选择的时候，他也没有料想到这个决定会给他带来多大的影响。但有一件事，他是肯定的：选择了之后就努力去做，一定好过因为怕选错或后悔自己的选择而自怨自艾。

这也是我想跟你分享的最重要的内容：如果你用自主三角想过了，也花了很多时间权衡利弊，但还是很纠结，在无法判断出选择的高下、比不出来的时候，记住这句话：停止权衡，投入行动。

● 纠结时怎么选

怎么选呢？给大家四字箴言：相信直觉。

听着是不是有点"儿戏"？待我慢慢道来。

直觉，指的是一种不使用证据、实验、意识的推理，或者在不明原因的情况下迅速出现的直接想法、感觉、信念或偏好。它是你在瞬间产生的某种想法或倾向，你无法解释它从何而来，却有很强的动力要去实现它。我在帮助选择困难的来访者时，会先倾听他们如何描述自己的选择，如果表述很混乱，感觉没想清楚，那我会调用"逻辑系统"帮助他们进行思考，比如分析自主三角，梳理这个选择背后他重视的价值维度有哪些。

如果我发现，来访者逻辑超强，非常清楚每个选项的优劣势，似乎都做了好几轮理性分析了，这个时候我就会用一些引导沉思（guided reflection）的技术去调动他的直觉。比如，让他们想象一下，选择 A，未来会是一个怎样的"图景"，选择 B 又会如何？我可能还会问："假如没有选择 A 的话你会有什么感受？假如没有选择 B 的话你又会有什么感受？"诸如此类。来访者并不需要把自己的答案说出来，只需要跟着我的引导进行想象即可，引导沉思结束后，我只问一个问题："现在，你内心有答案了吗？"

这个时候大部分人都会有答案。有些来访者还问我，是不是我把他们催眠了。我跟大家解密一下，这个方式实际上就是利用了直觉。从科学的角度说，直觉并非情绪化的一时冲动，而是基于你的"个人大数据"的快速判断。

直觉决策的过程，事实上是先捕捉到了环境中的一些线索，比如表情、声音或者其他细节，然后，你过往的知识、记忆等大脑中所有信息迅速出现在了潜意识里，大脑对这些信息进行扫描搜索，再与你当下的情绪状态结合，整合并采纳最重要的因素，做出了相应的决策。

因此，直觉也是一种分析，只不过这种分析是在潜意识中完成的。

这种分析很"快"。时间紧迫、信息不足、不确定性大、影响因素复杂的时候，直觉反而能够改善我们的决策。很多企业家在处理危机事件的时候，需要立刻抉择，他们就会用直觉。

因此，对于重大选择，比如选工作、选伴侣、选长期发展的城市、要不要生孩子等等，我建议大家在权衡利弊、理性思考之后，还是要回到直觉，让直觉做选择。请放心，你之前接触的所有相关信息，都会被整合进直觉里。

大部分时候，我们甚至都不需要用什么心理学技术来调动直觉。

我有一个来访者小 Y，她手上有两个录用通知，不知道怎么选，很纠结。她给我看了张表，上面列了她能想到的这两个工作的所有信息，比如薪资、工作时间、通勤距离、发展空间、团队氛围等等。她给每一项打了个分，还根据每一项的重要程度乘了个系数，然后给两个工作算了个总分。

一个 82 分，一个 85 分。分数差别不大，但高低都出来了，可她还是选不出来！她问："我会不会漏了什么没有考虑？我现在最在乎的，会不会以后就变了？"

我跟她说："要不这样吧，这两份工作的最后回复时间还没到，你回去先缓两天，不要去想选哪个的问题了，该吃吃，该睡睡，说不定答案突然就浮现出来了。"

过了几天，A 单位的 HR（人力资源专员）给她打电话，问她考虑结果。她居然不假思索地说："好，我接下这份工作。"接着就把 B 单位回绝了。后来，回顾这个选择过程，她说："我也不知道当时为什么那么坚定地选 A。但没关系，不重要了。"

其实，这就是直觉在发挥作用。

关于直觉，我还是要分享四字箴言——"相信直觉"。这里面还蕴藏着一个重要的关键词，就是"相信"。

做出了选择之后，我们就不要徘徊了，相信这就是最好的选择，然后，沿着这个选择，投入行动中。

我们往往只能从当下的信息中做选择，两个选择之所以让你如此纠结，就是因为当下它们看起来是差不多的。红玫瑰、白玫瑰，都是玫瑰，颜色不同而已。站在更长的时间尺度上，很多初始的选择对于长远的结果，其实并没有想象中那么重要，就算某个选择对人生真的有重大影响，也是在后来的岁月对这个选择不断加以强化所致的。有一些发生在我身边的真实例证。当年我父亲离开政府机关下海，刚开始并不顺利，但毕竟自己放弃铁饭碗选择了经商，不干出点名堂总觉得心有不甘，于是，他锲而不舍，克服重重困难，终于挖到人生第一桶金。后来，他思考自己的愿景之后，认为做生意并不是他内心所追求的价值，于是决定进入大学教书，做出这个选择之后，依然是屡败屡战。父亲一直庆幸当初下海和转型做学术的人生选择。我却认为，恰恰因为他相信自己的选择是对的，所以他一直锲而不舍地追求目标，才有了好的结果。如果没有这种锲而不舍的精神，当初的选择是对是错也就变得很难说。

所有的结果都要通过行动而获得。如果你都已经选了，还一直想着自己有没有选对，当初选了另一个会不会更好，让这些无谓的纠结分散精力，那最终结果大概率是不好的。

● 行动指南

我们在第九讲里讲到过积极自由这个概念。"相信直觉，做出选择，然后投入行动，让时间给出答案"，这就是一种积极自由。选择是一瞬间的，它预示着某种可能性，而真正将可能性变成现实的，一定是行动。接下来我给大家介绍两个帮助大家付诸行动的指南。

第一个行动指南是"降低单次行动的难度"。

当我们降低了单次行动的难度，就提高了做到的可能性，做到之后就会形成积极的反馈，这样能逐渐地积累信心。**尤其是"第一步"，特别关键，一定要用自己更容易做到的方式开始。**俗话说"万事开头难"，很多事开始了之后，后面常常是水到渠成、顺水推舟。因此，从简单的事做起，从自己能十拿九稳的任务开始，提升行动的承诺度。比如，背单词这个任务，刚开始就一天背三个，慢慢往上加。开了头之后，在后面的任务中，也尽量把出结果的周期缩短，这样能更快地得到反馈。如果能得到正反馈，那你坚持的动力肯定就会增强，哪怕结果不好也没关系，这个周期短了，做出调整也会更快。

我写这个心智成长训练营的课程稿件时，花了很长时间跟团队打磨框架，可以说是充分调动了包括我自己在内的所有参与者的自主三角，反复讨论打磨，定下了大的板块和每一讲大致的内容方向。但真到要逐字逐句写课程稿的阶段，我有时候还是会感觉挺难写的。那怎么办呢？我就问自己：关于这个话题，有没有什么比较简单的"第一步"。选一个最容易操作的先做起来。比如，关于有些话题，我首先就想到了一些客户的案例，那我就先动笔把案例写下来；有些话题，我先想到的是某个心理学理论，那我就先翻出相关的书，把这个理论看看，找找灵感。因为迈出了行动的"第一步"，我就有一种确定的、我可以掌控的感觉。

为什么说动起来就比躺着想要好呢？这是有科学依据的。

神经科学的研究发现，哪怕你什么都没做，大脑也会处在一种激活的状态，你以为你在休息，其实大脑在工作，你脑子里会蹦出各种各样互相有关或者无关的想法，或者陷入回忆、焦虑之中。相反，如果我们动起来了，专注在某个具体任务上，某一种模式就会被激活。这种状态下，我们的感官、注意力都会集中在当下的、具体的事情上，就能将眼前掌握的事做好。而且，这两种模式的耗能差别大概只有 5%。

第二个行动指南，是使用"劣后顺序"。

"劣后顺序"是日本的行为科学管理研究者石田淳提出的。

我们在为一个目标而行动的时候，有很多看上去"应该"做的事，一般人会去做优先级排序，比如十件事，列个行动清单，排个顺序，最紧急最重要的最先做，不紧急不重要的最后做。这个叫优先顺序。

劣后顺序是说，从下往上删除。把可以不做的事直接从你的行动清单里删掉。最后十件事可能只剩三五件了。我们要敢于去舍弃那些不是必须做的事情，这样，整个行动过程就不会让人觉得那么负重累累。拿我做这个训练营的视频课程这件事举例，我录制视频的时候，是怀孕的状态，工作也很忙，精力有限。刚开始的时候我对服装、发型、妆容都特别关注，花很多时间，后来实在太累了，就用劣后顺序的方法，把花在服装、发型、妆容上的时间大幅度减掉了。

简单总结一下，这一讲介绍了我们会出现选择困难而难以付诸行动的三个原因，讲到了在反复纠结选项时，应该相信直觉，最后分享了投入行动的两个行动指南："降低单次行动的难度"和"劣后顺序"。

为什么要把投入行动放在"灵活性"这个大板块中？因为我们不单单要在思维上保持灵活性，在行动上也要保持灵活性，所以需要先找到那些限制行动的根源，给我们自己松松绑，然后再用一些更灵活的方式去"做"，而不是坐着干想，或者面对一个复杂的任务无从下手。

临渊羡鱼，不如退而结网！

221

当然，行动过程中，我们可能会遇到新的困难，比如，受困于过往经验，从而误导了自己的行动，或是竭尽全力之后，结果依然不达预期。这就是接下来要与大家分享的内容。

第十七讲
清零心态：不要让经验成为你的绊脚石

经验会成为绊脚石吗？

会！

比如，很多人说"'00后'整顿职场"，其实是传统的管理经验对"00后"不适用了。再比如，有些资深的大企业管理者，到了创业企业之后，还会照搬自己之前在大企业的成功经验，往往容易导致失败，因为平台、资源禀赋、所处的竞争环境都发生了变化。

当然，大家不要误会，我不是说经验不好，而是说如果我们没有以正确的方式运用经验，经验可能会成为一种桎梏。

所有的放下，必须以"拿起"作为基础。前面的章节是帮助我们打开眼界、建立系统，更快速地成长的，这是一个"拿起"的过程。与之相对应，所有的拿起，最终都需要放下。正如我们成长的过程就是不断做加法，然后再不断做减法的过程。

什么是智慧？"智"："日"加"知"。"日日知"，天天要知，每天进步一点点，代表人生加法。"慧"："彗"加"心"。彗，"扫帚"，心上面一把扫帚：扫心，代表人生减法。日日知，每天都要学习。学到的都是好东西吗？这是一个垃圾信息泛滥的时代！我们心里有很多垃圾，要经常扫，留下一颗干干净净的心。你既会做人生加法，又会做人生减法。能真正做好加减法，这才叫人生智慧。老子在《道德经》里有云："为学日益，为道日损。"读书、学习，就要每天读、天天学，增加知识，这是加法。读书再多，如不明白个中道理，有什么用？尤其是科技发达的今天，记忆力再好，也拼不过 AI（人工智能）。重要的是在纷纭复杂的大千世界找出规律，从知识的海洋中找出重要、有用的东西，并转化成文化。问道，才是学习的终极目标，这需要我们有抽象总结能力，要排除很多干扰项，就需要做减法。掌握了人生的加减法，会处处主动。[1]

经验何以成为阻碍

为什么有的经验会成为我们说的"绊脚石"呢？我总结了三个原因。

经验容易出问题的第一个原因，是我们很多时候以为的经验有可能是伪经验。

我常常遇到来访者跟我分享他的经验之谈，比如："我的老板提拔的都

---

[1] 引述自汤超义：《掌控人生主动权：孙子兵法与人生战略》，上海财经大学出版社，2018，第 346–347 页。

是外向的人，我性格内向就很吃亏，如果未来要在职场中有更好的发展，我一定要变得外向。"

经历本身是真实的，但这个经验总结有可能是错的。老板提拔那些人，一定是因为他们很外向吗？会不会是因为他们交付的结果好，恰好他们又都比较外向？就算这位老板真的偏爱性格外向的人，要获得职场发展就一定要变得外向吗？每个老板都是这样的吗？

我们常常会错误归因。比如，在很多文化中，乌鸦是不吉利的，会给人带来灾祸。为什么有这个结论？因为人们观察到，乌鸦飞来，常常会有人生病或死亡。但事实上，灾祸本身并不是乌鸦带来的，实际情况是，乌鸦是食腐动物，会被死亡或濒临死亡的气味吸引，从而飞过来。先有的灾祸，再有的乌鸦。

还有一种很常见的"经验"总结，叫作：只能这样。就像我们之前举过的一个案例，说的是滴酒不沾的销售冠军如何立自己的人设。如果这位销售冠军碰上一个自以为很有"经验"的人事经理，那个人事经理总结过往经验，觉得不会喝酒肯定做不了企业销售，那这家公司就错过了一位非常优秀的销售人才。

经验容易出问题的第二个原因，是人们在判断一件事情发生的可能性时，太容易受到主观偏好和情绪状态的影响了。

美国曾经有一家投资公司，叫长期资本管理公司（LTCM）。这家公司被称为一个"每平方英寸智商密度高于地球上任何其他地方"的"梦之队"。长期资本团队对概率的计算是极为精准的，他们的投资模型用简单的话说就是基于对过往大量事件、信息的计算，得出一个大概率会赚钱的套利策略。他们在1994年到1997年的短短四年时间里为客户创造了121%的收益，验证了投资策略的有效性。但是，这也让团队变得过于自负了。他们相信自己能不断持续稳赚不赔的神话，非常激进地使用高杠杆，用大白话说就是借钱炒股、炒债，放大风险，同时放大收益。长期资本背后的投资人即便看到长期资本的杠杆率非常高，依然选择坚定加注，其原因也是看到了他们成立这四五年来的优秀战绩，他们觉得长期资本过去能实现这么高的收益率，未来应该也可以。最后，他们死在了一系列自己以为不会发生的小概率事件上。国际石油价格下滑，俄罗斯国内经济不断恶化，俄罗斯国债违约。始料未及的小概率事件，让曾经的对冲基金梦之队顷刻间灰飞烟灭。

他们能不能准确预测到国际形势的变化呢？可能确实不行。但投资领域有一个基本事实：树不会长到天上去。

换言之，长期来看，就算你的策略再好，也总有那么一些"看似"小概率的极端事件是会发生的，不是这次，就是那次。这是本质规律。如果长期资本的杠杆率没那么高，可能还不至于倒闭，但过往成功的经验让团队和投资人都被高昂的情绪冲昏了头脑，所以他们才会无视基本事实，以为自己是一家稳赚不赔的机构。挺有意思的是，这家公司明明叫长期资本，却因为不在意更长期、更本质的规律，结果把自己做成了一家只活了不到十年的"短期公司"。

生活中也常有这种情况。在我们积累了一些所谓的"成功"经验之后，膨胀的情绪就会让我们不自觉地认为"下一次也一定会成功"。反之，当我们经历了很多挫折，或者看到很多"努力却没有获得成功的例子"时，失望和挫败的情绪就会带来一种"习得性无助"，即使遇到机会，我们也会暗示自己：努力是没有用的，我还不如不努力。那样，我们就会把成功的低概率变成零概率，丧失了改变的机会。

经验容易出现问题的第三个原因是，经验可能会让我们落入"胜任力陷阱"。

著名管理学大师詹姆斯·马奇提出过一个叫"胜任力陷阱"的概念，就是你把一件事情做到非常擅长的程度，反而会阻碍你学习更先进的东西。比如，国内某搜索引擎大厂在PC（个人计算机）时代横扫千军，占领了国内搜索引擎的绝大部分份额，但是，当移动互联网时代来临的时候，他们的反应速度就慢了，因为他们还"躺"在原有的成功经验上，错过了一个大时代。当年IBM（国际商业机器公司）也是这样，他们在做大型计算机的时代一骑绝尘，然而，当小型个人机出现的时候，他们并没有积极变革，结果错失PC时代。不愿意去接触新鲜的事物，就有可能在变化中丧失原有的优势，甚至被时代淘汰。

我们很多人在讨论人类的工作在未来会不会被AI取代。相比于那些觉得"AI就是人工智障"的人来说，能够居安思危并不断提升自己的人，往往也更能应对未来的变化。

早在两千多年前，《孙子兵法》就对"胜任力陷阱"问题有所警惕，并给出了解决方案——"出奇制胜"。孙子曰："攻其无备，出其不意。"要在出人意料的地方打击敌人，在敌人毫无防备的时候进攻敌人。战争中的"出奇制胜",就是放弃过去的成功经验,不断寻找新的成功方法。生活中也是一样,我们要"精进"。精进很难!精进之难,就在于我们容易落入"胜任力陷阱",对当下的成绩依依不舍,对改变患得患失。然而,《孙子兵法》谆谆教诲道:"其战胜不复。"就是让我们不要重复上次的取胜之法。因为取胜后,如果继续采取相同的战法,很容易被敌人掌握规律,原来的成功或将变成自己的死穴。一个人在成功之后常常陷入两大误区:其一,回顾成功全过程,会把全部功劳归于自己的聪明才智、英勇神武、当机立断,全然无视机缘巧合等偶发因素;其二,成功之后做各种经验总结,然后扬扬得意:"我的成功可以复制。"其实,任何成功都无法复制!因为所有的成功都是正确的方法与特定的外部条件相结合的产物,我们可以复制相同的战术,但怎么能够复制相同的外部环境?因此,《孙子兵法》强调要不断"出奇":"善出奇者,无穷如天地,不竭如江河。"善于出奇兵的人,使用的招式就像天地风云无穷无尽,就如滚滚江河奔腾不息。[1]

● 怎样科学地运用经验

詹姆斯·马奇在他的《经验的疆界》中,总结出两种从经验中获取智慧的模式:"低智学习"和"高智学习"。听起来好像是有低级和高级的差别,其实不然。这里的低智和高智不是说愚蠢和聪明,而是指对智力资本

---

[1] 引述自汤超义:《掌控人生主动权:孙子兵法与人生战略》,上海财经大学出版社,2018,第168页。

的需求程度。

第一种学习模式——低智学习，指的是在不求理解因果结构的情况下，复制与成功相连的行动。比如，学游泳，我们无须知道很多物理学原理，只需模仿别人游泳的动作，复制就能学会。低智学习包括向自己的过往经验学习，向他人的过往经验学习，向过去的流程、规则、套路学习，等等。低智学习的方式往往可以是"不求甚解"，拿来就用的。低智学习更接近我们的本能，甚至动物也会。比如小猴子看着妈妈如何摘果子，它跟着模仿，也就学会了。当小猴子看到其他猴子吃了有毒的果子出现抽搐或死亡时，它就会知道这种果子不能吃，但它并不需要知道这种果子里含有什么有毒物质。低智学习的好处也比较显而易见：简单、上手快。

第二种学习模式——高智学习，指的是基于经验，试图找到因果关系，提炼出更高维度的理论、模型，再深入当下的具体情况中进行分析，指导以后的行动。这种学习模式跟我们说的"清零"比较相近，清零心态并非要大家"无视"经验，而是要大家不盲从经验，更重视经验背后的本质和因果。这种方式需要投入的智力资本显然是更多的。《孙子兵法》的"其战胜不复"就属于高智学习，战场上瞬息万变，善用兵的人不会盲目重复自己或他人获胜的经验，而是针对不同的敌情、不同的环境，灵活运用战略。

厉害的高智学习者能直接从本质去总结因果。但要强调一下，高智学习仅仅是一种模式，它并不意味着我们用这种模式找到的因果就一定是对的、本质的。是否能够运用好高智学习模式，与每个人的阅历、格局、眼界、思考能力都息息相关，而且要想运用好，需要兼具广度和深度。著名投资家查理·芒格就主张在解决一个问题的时候，不仅要了解与这个领域相关的知识，还要广泛涉猎，这和中国文化的"它山之石，可以攻玉"有异曲同工之妙。

马奇在提出这两种学习模式的时候强调：这两种模式并没有高低之分，只是适用的情况不同。关键是要在不同的情况下用合适的模式。

分享一段我总结的口诀：

条件、环境相对固定，用低智学习，快速获取经验，避免踩坑。

条件、环境变化快，不确定性强，用高智学习，提炼经验，灵活应变。

为什么在员工的职业初期，公司里往往会有很多针对性强的实操培训？比如项目管理培训、业务流程培训等，而且往往是手把手教，拆得非常详细。这都是为了让新人在一个相对固定的条件下，了解这些业务流程之后，就可以快速上手工作了。为什么管理培训一般都比较"虚"？很多企业家都觉得，西方管理学有诸多不适用于现实情况之处，因为太具体了，因此会推崇《孙子兵法》作为管理"指南"，因为这些经典是更加高度概括的。比如《孙子兵法》说"致人而不致于人"，就是说要在战场上随时保持主动权。很多管理者会把这个当成自己的行事方向：我最重要的是获得竞争的主动权，有时候可以输，可以让利，但事实上我始终能够保持"主动"。

我在学教练技术的时候也有类似的体验。首先，我们要学习一个帮助客户探索的流程，详细到具体的语气、提问方式等。口试的时候也有很多必须掌握的得分规则。这就是低智学习。有了这个过程，至少一个新手教练可以"上手"，不至于在客户说了很多之后，不知所措"一脸蒙"。但老师也会跟我们强调，先学规则、流程，熟练掌握之后就"放下"这些规则和流程。其实，一个成熟的教练真正在做的就是两件事：充分倾听和通过有力发问来唤起觉察。这就是高智学习之后总结的一个"纲领"性描述。

总而言之，低智学习模式更快、更简单、更容易上手，但限制条件比较多，条件一旦发生变化，很可能就不适用了；高智学习模式更难，需要大量的思考总结、演绎和运用，但灵活性更高。我们需要在不同情况下灵活使用两种从经验中学习的模式，这样才能更好地让经验为我们所用。

这两种学习模式，对如今为人母的我，也有很大的启发。在孩子还小，需要教孩子怎么自己吃饭、如何注意安全的时候，我们可以让孩子采用低智学习模式。当孩子有了自己的思考，开始用思维接触这个世界的时候，我们应当鼓励孩子多问为什么，尝试高智学习模式。

我母亲一直有个"经验之谈"，就是不要轻易做全职主妇或者全职"煮夫"。如果她用一种强势控制的方式告诉我说"你就听我的，我是过来人，看了太多不幸福的人生，你一定要好好工作"，我可能会觉得她在把自己的意志强加于我。但她会跟我聊"为什么"，会跟我说当你把注意力都放在家庭中时，你对伴侣、孩子的预期就会特别高，几乎没有一个孩子或是伴侣承受得了过高的预期，而幸福与否与预期高低关系很大。我很感谢她愿意与我分享这些"为什么"。后来,她看我太专注于工作,又开始担心我的婚姻问题,这个时候我甚至不需要问她为什么,也能够理解她的担忧,因为同样,如果我把全部注意力都放在工作上,而几乎没有自己的人生,那我对工作结果的预期就会过高。但现实是,努力就一定有收获吗?如果没有收获,我又将如何自处?

我觉得,教育者、助人者,不论是父母、师长还是心理从业者,都需要保持一个"清零心态",尽量不要凭着自己的经验去断言说:"一定只能这样,必须 A,才能 B……"

当然,学习经验是很重要的,只是要保持灵活性。如何在学习经验的时候保持灵活性?我给大家分享一个原则:**保持适度质疑,在经验之外探索新的可能性**。不论对自己的经验还是对别人的经验,可以在心中思考一下:这一定是对的吗?过去一直是这样,这就是唯一正确的吗?

听着容易,做到并不容易,我们是有很多"思维惯性"的。心理学中有一个概念叫识别启发(recognition heuristic),指的是在决策过程中,当一个选项在我们的记忆中更加容易被识别或辨认时,我们倾向于将其视为更好或更可靠的选择。[1] 用大白话说就是,当两个选项放在面前的时候,我们通常会选那个有经验的。这种启发利用我们对事物的辨识能力,基于已有的记忆或认知,快速做出判断和决策。而且我们在探索新方法的时候往

---

1 引自 Pohl R. 论文《识别启发式的经验测试》("Empirical Tests of the Recognition Heuristic"),2006 年发表于《行为决策》期刊(*Journal of Behavioral Decision Making*)第 19 期第 3 卷,第 251–271 页。

往往会觉得麻烦，因为不如用成熟经验效率高。

我们对一些"预设"尤其需要保持质疑。我们或许都听过类似的言论："你这么年轻，又没什么经验，怎么可能做得好这些……""你这样肯定是不行的。""你再这样下去就完了……"诸如此类。这些其实都是带有预设的断言。这种预设是我们前进的桎梏。

还有很多人会在你尝试失败后，轻描淡写地说："我说了这样不行吧！"不要去听这种没意义的话，场外的观众永远都站着说话不腰疼。我们前面讲过很多行动起来的好处，行动了、下场了，不论输赢，都比在场外指指点点有收获。

与此同时，我们也不要预设事情一定会如我们所愿地发展。这个世界充满着不确定性，对于变化，我们要保持开放的心态，对于结果，也要保持开放的心态。我们能做的，唯有尽力而为。下一讲，我会重点讨论结果不确定甚至不如人意的时候，如何保持开放的心态，获得更自由开阔的人生。

总结一下这一讲的内容。经验是可以为我们所用的，但我们需要在不同的情况下运用不同的经验学习模式。根据马奇的理论，有两种不同的学习经验的模式，一种叫低智学习，一种叫高智学习。低智学习是直接复制和模仿成功，不需要去深究因果；而高智学习是一种投入思考更多的模式，去分析成功经验的原因，找到因果关系，进一步总结理论、提炼模型，用自己的方式诠释。这两种模式没有高低之分，前者效率更高，但在复杂情况下容易失效；后者受限于每个人的阅历、格局、本质思维能力等等，但在复杂多变的条件下具有较高的灵活性。

　　因此，在条件、环境相对固定的情况下，用低智学习快速获取经验，避免踩坑；在条件、环境变化快，不确定性强的时候，用高智学习，提炼经验，灵活运用。用不同模式学习和运用经验之外还需要记住一个原则：保持适度质疑，在经验之外探索新的可能性。

第十八讲
正念：放下志在必得的执念，获得更开阔的人生

● 再谈自主三角

我们前面讲了要摆脱内耗获得高效成长，就需要发展出更成熟、更具优势的心智模式，这样的心智模式，有两个重要的特征：高自主性和高灵活性。高自主性是说，一个人在外界或是他人的影响下，依然能按照自身的意愿做出决定和行动；高灵活性则是说，一个人面对复杂多变的境遇依然能够自如应对。

我们在提到自主性时，常会有一种错觉：我什么事都要能做主，或者我能让事情按我想要的方向发展。这是对自主性的迷思。自主性的真正体现在于过程，而不在结果。我总结了一个自主三角模型，其中的三个要素——愿景引领、身份锚定、价值驱动，都是在讲如何做好过程。我们简

单回顾一下自主三角模型。

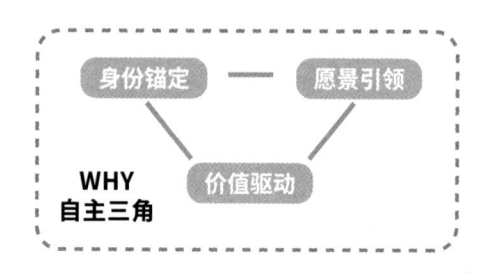

```
       身份锚定 ——— 愿景引领
            \   /
             \ /
    WHY    价值驱动
    自主三角
```

价值驱动告诉我们，在做一件事的时候，要去想：这件事能给我们带来什么样的核心价值？我们常常说"目标导向"，但有时候我们以为的"目标"其实不过是实现价值的一种方式而已，甚至可能是我们为了逃避真正的价值而设定的"伪目标"。因此，我们需要让比"目标"更核心、更底层的"价值"来驱动我们的行动。

但问题是，我怎么知道，这个所谓核心价值真的是我想要的，而不是我的角色、社会或他人强加给我的，抑或是我自身的局限性让我以为这是我想要的价值呢？这个时候，我们就需要身份锚定。所谓身份锚定，就是知道"我是谁"，即便在不同的角色中，在不同的环境、声音中，也能够清晰自知，坚定自我，不受外界左右，不被情绪裹挟。有了身份锚定，我们就可以很确信地说：这对我有价值。更确切地说，这让我们知道自己当下想要的价值是什么。

问题又来了，当下确信的价值以后会不会变呢？如果未来我想要的和当下有霄壤之别，那我岂不是很容易后悔？所以，自主三角的第三个组成部分愿景引领至关重要，它让我们把目标放得更长远，看向未来，这样不至于被短期价值吸引，而造成未来的纠结、后悔。这三角之间是相互影响，互为线索的。

用好自主三角让我得以在一些看似"不自主"的情况下，依然保持主动性和掌控性。

我刚到一家公司的时候，发现公司规定员工要写周报。周报这东西，哪怕你没写过，估计也看人吐槽过，大多数人都深恶痛绝。很多同事都很烦写周报，但又要交差，那就只能报报流水账，然后东拼西凑点"反思"，显得字数多点。

我开始也非常厌烦写周报，奈何我当时也只是刚入职，不敢跟公司制度"硬刚"。不写周报肯定是不行的。但和同事一样应付了事，又觉得浪费时间并不可取。我就问自己：如果这件事我不得不做，有没有可能做成自己乐意去做的"样子"？回自主三角看看，这个周报怎么写对我自己最有价值呢？肯定不是报流水账，或者给老板唱赞歌，而是需要真正去总结和反思工作中的经验和教训。从身份上看，我的职业角色是一名管理者，从这个角度出发，如果能够把周报写得深入浅出，对工作做一些总结，这样有利于我把这些总结思考分享给下属，能够提高团队融合度和工作的效率。经验总结这件事对我确实有价值，可以写在周报里。我更进一步想到未来的愿景——没想到周报这种小事都能想想愿景的读者朋友也要学会灵活运用哟！我构想了一个画面：未来我可以给有需要的人分享我的经验总结，尤其是对职场新人，或者新手管理者。他们会觉得我的经验总结很有价值，我甚至想到被我帮助的人如何感谢我。结合自我的身份认同：希望能做一个对他人有价值的人，这也是我行动的最强动力。我对每一篇周报都非常花心思，后来，这些周报就成了我们的训练营和书籍的素材。

大家不要误以为我在鼓励大家勉强接受自己不喜欢的工作任务，我是想通过这个示例，来说一个观点：我们确实无法事事做主，但一些看上去无法做主的事，其中也有我们能部分掌控、发挥价值的地方。

《生活的平衡之道：孔子思想与关系管理》一书中讲了一个故事。孔子最喜欢颜回，另一个学生子贡觉得自己很能赚钱，表现可以，成绩不错，怎么老师总是表扬颜回，不夸自己？于是，子贡问："老师，您觉得我怎么样？孔子说：你呀！是一种器皿。"子贡问："什么器皿呢？"孔子答："瑚琏之器。"（子贡问曰："赐也何如？"子曰："女，器也。"曰："何器也？"曰："瑚琏也。"《论语·公冶长》）瑚琏，一种装祭品的玉器，列于庙堂之上，贵重华美。瑚琏之器喻为治国贤才、国之重臣。很多人因此认为，孔子对子贡的评价非常高。其实不然，孔子对这个心爱的弟子期望很高。在《论语·为政》中，孔子曾明确指出："君子不器。"瑚琏之器再好，只要是器皿，就定型了。孔老师潜台词是："孩子，你离君子的要求还有差距！"在保持自主性的前提下还兼具灵活性，是君子的一个重要特征。

孔子说"君子不器"，用现在的话就是"不要当'工具人'"。我之前一直觉得这很不具有操作性，哪个打工人不是先从"工具人"做起的，怎么就"君子不器"了？后来，我在自己总结和运用自主三角模型的时候感到豁然开朗。君子不器，其实就是要求君子具备这种自主性。古时候的君子也为朝廷、为君王"打工"，他们也有自己的职业角色，有他们的条条框框，但不论做什么，内心都有自己要坚持的价值，主观上就是对自己拥有了掌控权和主动权。与此同时，"君子不器"也代表了一种灵活性。我的职业角色只能决定我当下应该有的一些动作，但不能固化地定义我是一个什么样的人，我不能机械地成为什么样的人。

自主三角用好了，是不是万事万物就尽在掌握了？显然不是。我们必须承认，结果往往是不可控的。我们要尽全力争取自主，但也要对无法控制的事保持灵活和开放。有时候，我们在做好了充分准备、尽全力之后，依然没有得到自己想要的结果；有时候，明知道情绪对解决问题并无补益，但就是控制不了自己的情绪；有时候，心中有个声音说"为这种人、这种事痛苦特没必要"，但就是控制不住地痛苦……

人生总是充满着无奈、不可控。当我们面对这些不可控的时候，我们或许可以试一试"正念"——回到当下，与此刻共处。

我不展开讲心理学中的正念流派，而是分享如何通过与正念相关的一些理念去理解生活中的"不可控"，争取找到一些解法。

● "纯粹的痛苦"和"额外的痛苦"

跟大家分享一对心理学概念："纯粹的痛苦"[1]和"额外的痛苦"。比如，费尽心力，拼死拼活做一个项目，结果却被关系户抢了功劳。功劳被抢，

---

1 也有一些书翻译成"纯净的痛苦"。本书作者认为翻译成"纯粹的痛苦"在中文语义上更合适一些。——编者注

自然会给我们带来愤怒、委屈，会让人本能地痛苦。这个时候，痛苦还是由事情本身带来的，所以叫作纯粹的痛苦。如果我们再去自责："我怎么这么胆小，不敢正面刚？"或者是懊恼："早知道这样我当初就不花这么多时间了，真后悔。"抑或是抱怨："为什么我不是关系户？命这么差！"这些对于原始痛苦的二次反应，又带来了更大的痛苦。这就是额外的痛苦。

纯粹的痛苦是由事情本身带来的，可能避免不了，但额外的痛苦往往是无谓的挣扎带来的，是我们可以尝试避免的。无谓的挣扎，直白地说就是明知道这件事自己控制不了，但还是想去控制，结果越控制，情况越糟糕，越自责，越痛苦。

我们不但不能控制事情的结果，甚至连自己的情绪、头脑中的思绪都控制不了。

给大家说一个我的亲身经历。我有一段时间，因为工作压力大，出现了睡眠问题，每天躺在床上一合眼就在想，今天还有多少事没干完，明天还有多少事要干……这个时候，这些纷乱的思绪根本停不下来，完全控制不住，睡不着。睡不着本身带来的疲惫、难受，就是纯粹的痛苦。但我还会不断告诉自己："不能再想工作了，赶紧睡吧。"可我越是这么想，"工作"这两个字就越是在我的脑海中挥之不去，然后我就越自责，心想："天哪！我怎么连自己的想法都控制不了，晚上睡不好，明天怎么办？还那么多事……"麻烦了，这下更睡不着了。这就是因为睡不着而"挣扎"，带来了额外的痛苦。心理学中有一个"反弹效应"，指我们试图去克制自己不想要的想法，反而会增加不想要的想法的强度和频率，这些想法反而会

"反弹"[1]。越对自己说"我怎么这么焦虑,我不能再这么焦虑了",就会越焦虑。

因此,面对"不可控"的时候,我们首先要做的是放下"挣扎"。有痛苦、有情绪是人之常情,我们需要让情绪自由流动,放下挣扎之后,我们就不浪费时间和精力与情绪本身去纠缠、搏斗了。

我在睡眠这件事上放下挣扎的做法是:睡不着就不睡了,闭目养神可以吧,或者起来冥想一会儿,等困意来了再睡。不过不建议大家睡不着起来刷剧、玩手机,这样你的思绪会更活跃,更没有睡意。我也会做一些心理暗示:"偶尔失眠也没什么大不了的,明天中午在工位上眯一会儿,也能'回血'。"至少,我可以不为"睡不着"而挣扎了。

● 观察与接纳

接下来,我们说说正念如何帮助我们"放下挣扎"。朴素却有用的方式是:观察。

我小时候听过一个寓言故事。有一个骗子忽悠山民说:"把你们的钱财埋在房前的山洞里,我给这些钱财施法。你们每天早上跪在洞口前,花一炷香的时间,反复念'钱生钱',念上十天,里面的钱财就会翻十倍。不过,有一个要求,你们在念'钱生钱'时,千万不要去想山坡上那只羊,哪怕

---

1 引自Wenzlaff和Wegner合著文章《思想压抑》("Thought suppression"),发表于2000年《心理学年度评论》(*Annual Review of Psychology*)第51卷,第59–91页。

想了一次，魔法就会失灵，钱财就会消失。"结果可想而知。山民们都很自责：自己每次念"钱生钱"的时候，都会想起山坡上那只羊。

我们的大脑其实是很难停下来的，几乎不存在完全不工作的放空状态。你越是强迫自己不要想什么，头脑越是停不下来，越是要去想什么。因此，我们要放下挣扎，或放下纷乱的思绪，还得"拿起"些别的什么，让注意力有地方可以安放。"观察"就是一个很好的方式。比如，我们可以观察自己的呼吸、身体。背后的原理就是让我们把注意力安置在一些不那么"耗脑"的事上。同样的道理，专注地洗澡、喝茶、吃饭，甚至看蚂蚁打架之类的，其实都很减压。

很多正念的练习者是从观呼吸开始的，就是观察呼吸时气流的进出、身体的起伏。我刚开始练习的时候完全没办法观呼吸，因为这件事太"单一"了，很容易让我走神，所以，刚开始我更常做的是身体扫描练习。这也是帮助我改善睡眠问题的一个有效的方式。身体扫描就是让注意力像流水一样，流过身体的每一个部位，逐个去观察身体的每一个部位的细微感受，比如腹部的"起落"，背部和床单接触的感觉，头部和枕头接触的感觉，等等。这个时候，我的注意力自然就不在那些工作导致的焦虑上，以及"完了完了"的焦虑想法中。即便这样，我也会走神，各种念头还是会冒出来，但是没关系，只要轻轻地、温柔地把注意力慢慢拉回来——比如告诉自己"先回到身体感受上"——就好了。

除了观察一些和痛苦无关的事物，我们也可以去观察痛苦本身，或者相关的念头。像一个局外人一样，看见它们，并且给它们打上标签。

前面说过，我们遇到一件事、感受到一种情绪之后，可能会因为有额外的念头而又产生额外的痛苦。比如，"犯错了，完了完了，老板可能要开掉我了"，当我们有这个念头的时候，先把自己抽离出来，观察这个念头。"我真的被开了吗？老板说了要开掉我吗？没有。这是我的一个念头而已，它并非事实。"

这里有一个小技巧，就是当你有任何一个念头出现的时候，都给它加上一个前缀，即"我有一个念头，××××"，比如："我有一个念头，老板可能会骂我""我有一个念头，老婆不爱我了""我有一个念头，我孩子不好好读书以后就完了"……这其实就是在暗示自己：只是一个念头。恐怖的念头就像是老虎，和真老虎待在一起当然是危险的，但当我们能抽离出来观察念头时，我们就会发现，想法本身充其量是纸老虎。

如果我们自我觉察能力比较强，还可以再进一步做自我觉察，比如："其实这并不是什么大事，我为什么会有'完了完了'这个念头呢？可能是因为我还没有在职场建立让自己足够自信的核心竞争力，总觉得自己只要稍微不称老板的心，就会有很严重的后果。那我可以从哪些方面积累自己的核心竞争力呢？"

当我们抽离出来看待这个念头的时候，我们就会发现：我们和那个"完了完了"的担心、焦虑的距离渐渐远了，情绪也更容易平复了。

给情绪贴标签也是类似的原理，同样是让我们相对抽离地观察情绪，从而避免被情绪吞噬。我们可以尝试在情绪来的时候，想象它们是一朵朵乌云，去给这些乌云贴上标签——"这是委屈""这是不甘心""这是愤怒"。

我再给大家分享一个更为深入的"贴标签"的方式。

常常有学员跟我说:"我被老板狂骂了一顿,很难受,我都用了你说的课题分离的方法了,怎么还会难受呢?我情绪管理能力好差。"这个时候,既然情绪已经发生了,用我们刚才讲到的原则,就不要再为情绪的发生而自责,徒增额外的痛苦了。我们可以给"情绪"贴标签,把具体是什么情绪给识别出来。

挨骂了,心里难受,这种难受可能包含了不少的情绪,比如:我现在感觉胸闷,代表了"委屈"的情绪;我有点激动,有一股气在上涌,代表了"愤怒"的情绪;可能还有一点忐忑,不知道自己的做法对不对,代表了"担忧"的情绪。不要小看打标签的作用,仅仅让情绪得到一个"命名",就能有安抚的效果。

情绪是需要被看见、被承认的,如果只是装作视而不见或者压抑情绪,最后情绪也不会真正消失。有研究发现,长期否认、压抑情绪,会提高患抑郁症的风险。

看见情绪之后,我们还可以去发掘情绪背后的念头是什么。可以用上面观察念头的方法来继续"问"自己:我的这些念头是怎么来的?是真实客观的吗?一定会发生吗?

拿这个挨领导骂的例子来分析,委屈背后的念头,可能是"这明明不是什么很大的事,至于这么骂吗?";愤怒背后的念头,可能是"你作为管理者,你的责任更大,为什么要迁怒到我头上?";担忧背后的念头,可能是"我惹到老板了,会不会对我以后有影响?"。当我们真正看到情绪和念头的时候，实际上就可以和它们保持一定距离，然后进入一个叫"认知重评"的思维过程，去重新思考引发情绪背后的那些念头是不是真实的、客观的。

我们可以逐个与这些情绪背后的念头对话。"委屈"和"愤怒"，其实都是因为老板这样发火不对，不要用他的情绪惩罚自己。至于"担忧"，是因为自己这次确实有做得不好的地方，也许会影响在老板心中的形象，但偶尔扣点分是正常的，之后把工作做好，把分加上去就行了。

情绪和念头，都是我们常常以为自己能控制但实际上控制不了的东西。心理从业者常说"接纳"两个字，禅修的人常说"放下"两个字。然而，想放就能放吗？我们的大脑可没那么容易受控制。正念冥想的练习到底在练什么？就是在锻炼我们对大脑的控制力，有了这种控制力，我们才能够说不想就不想，说放下就放下。科学实证表明，长期冥想可以改善我们的脑前额叶功能。脑前额叶就是我们大脑的首席执行官，主宰着我们的认知、情绪、疼痛、行为管理等等，脑前额叶功能强，我们对自己的控制力也就更强。

"接纳"也好，"放下"也好，不是说遇到困难就要躺平，否则我就不用花这么大的篇幅讲自主三角模型了。这两个词是在说：当你用尽全力但求而不得，或是钻进了死胡同的时候，要懂得给自己松绑。

● 拥抱

如果说接纳是面对变化和不可控的第一层态度，那"拥抱"则是第二层。

拥抱是一种什么姿态呢？是去欢迎每一个此时此刻的生活状态。哪怕是自己不喜欢的事物出现在面前的时候，也能接纳它。拥抱，是去看此时此刻自己还能做些什么，还能不能从当下这个境况中获得点什么。当我们拥抱每一个此时此刻的时候，我们就不会再为未来的不可控而感到焦虑和痛苦，也就能够获得更开阔的人生。

说到内观自变型的心智模式，我第一时间想到的就是苏轼。我特别喜欢他。

有一次，苏轼在路上遭遇暴雨，没有雨具，同行的人都颇为沮丧，苏轼却作词一首："莫听穿林打叶声，何妨吟啸且徐行。竹杖芒鞋轻胜马，谁怕？一蓑烟雨任平生。"对他而言，刮风下雨有什么好沮丧的？狂风，让它穿过树林吧！暴雨，让它拍打树叶吧！既然无法阻止风雨，那就视而不见、听而不闻。还不如一边大声吟唱，一边悠然自得地行走。穿着草鞋拿着竹杖比骑马还轻便呢，有什么好怕的？况且，自己这一生不就是这么过来的嘛：一身蓑衣，饱经风雨，依然豁达。这就有了他这首著名的《定风波》。

苏轼二十出头，因为在科举考试中的出色表现，获得了主考官欧阳修和皇帝宋仁宗的赏识，一时声名大噪。原本应该平步青云的他，却因为与上级意见不合而离京，后来又因为乌台诗案（写文章说了些得罪皇帝的话）差点连命都没了，后来好不容易有机会东山再起了，又因和当权者意见不合被贬，他就这样在跌宕起伏中度过了一生。

苏轼是一种什么心态呢？能有机会受到重用、得到发挥的余地，我就好好做，好好实现自身价值；如果没有遇到欣赏我的领导，没有找到好的平台，我就好好生活，享受美食美酒、诗词歌赋，做做东坡肉，吃吃荔枝，看看风景。

同样是面对"闲"，不同人的心态可能天差地别。《闲暇创造价值》一书中有一段很有意思的诠释。

黄庭坚说："人生政自无闲暇，忙里偷闲得几回。"人生有各种奔忙：忙于政务、忙于工作、忙于生计等，常常没有闲暇时间，难得有几次忙里偷闲的机会，非常开心。因此，不是所有的"闲"都有价值，闲的时间太长，可能会转化为压力，带来困扰，甚至使人以没有意义甚至有害的事情去填充。他认为，繁忙当中的闲，才弥足珍贵。

辛弃疾则感叹："闲愁最苦！休去倚危栏，斜阳正在，烟柳断肠处。"闲时的忧愁最让人痛苦！这个时候千万不要登上高楼，倚靠栏杆，因为落日渐渐沉入雾气弥漫的柳林，那里，正是令人断肠之处。辛弃疾满腔热血，却报国无门，才华横溢，却只能任闲职。这种闲就是愁，就是苦。

而苏轼说："江山风月，本无常主，闲者便是主人。"江山依旧，风月犹存，万千君主，今在何方？就算他们当时名义上拥有某一片江山，但未必是真主人。只有能拥抱江山风月的闲者，气定神闲，才是此时此刻江山风月真正的主人。[1]

苏轼这种心态是非常"正念"的。正念理论来自对佛学的去宗教化、

---

[1] 引述自汤超义：《闲暇创造价值》，上海财经大学出版社，2023，第3-5页。

实证性研究。禅宗将佛教中国化后，正念就在中国深入人心。讲个故事。一个小和尚问老和尚："师傅，您开悟前和开悟后重大的差别是什么？"老和尚说："开悟前，我砍柴、烧水、做饭。开悟后，我砍柴、烧水、做饭。"小和尚蒙了："没有差别呀？"老和尚语重心长地说："差别大着呢！开悟前，我砍柴时想着烧水，烧水时想着做饭，做饭时想着砍柴。开悟后，我砍柴时想着砍柴，烧水时想着烧水，做饭时想着做饭。"

我们学习正念的时候常常会看到一些富有东方禅意的生活方式。正念生活倡导我们，赶路的时候要记得闻闻花香，吃东西的时候细细品尝每一口给自己带来的感受，而不是边刷手机、边狼吞虎咽。沐浴的时候感受流水经过身体，享受那一刻难得的独处和自在……这都是帮助我们回到当下，去体会生活中点滴的美好。

疲于赶路的时候，我们很容易忽略生活的美好。越是走在康庄大道上，我们越是只想着走快一点。反而在道路曲折难行，我们被迫慢下来的时候，我们才有了享受当下的机会，得以闻闻花香、看看风景。

我跟大家分享过我父亲"清零过往"、尝试新领域的故事。从小到大，我总是感觉他一直在"爬山"，好不容易爬上了一个小高峰，又主动下山，去遇到另一座山，可能是主动选择路线，也可能是"没有更好选择"之下看似被动的抉择，但我知道，无论被动还是主动，无论是在高峰还是险峰，我父亲攀登的，始终是一座名叫"自己"的山。在这些挑战和攀登之后，我看到的是他更开阔、更精彩的人生和更豁达的生命状态。

这种生命状态对我的影响很深。父亲会在我事业遇到瓶颈，感受到失落无力的时候对我说:"最近有闲暇了,可以看看'江山风月'了。"也会在我遇到困境挣扎的时候对我说:"你翻越过的险峰,终将成为保护你的屏障!"

我不知道现在的你处在什么样的状态。

如果你正在努力攀登你自己的那座山,可能竭尽全力却只向前挪了微不足道的一小步;又可能你在攀登时,陷入了泥潭,感到困顿、痛苦……尝试拥抱它——因为我们克服的每一个困难,爬出的每一个困境,都将给我们的人生带来不一样的体验和高度。

如果你被动地处于一种"闲愁最苦"的状态,也请尝试拥抱它,因为你有机会去体验更丰富的人生,去欣赏生活中时常被忽略的美好。"江山风月,本无常主,闲者便是主人。"

后记

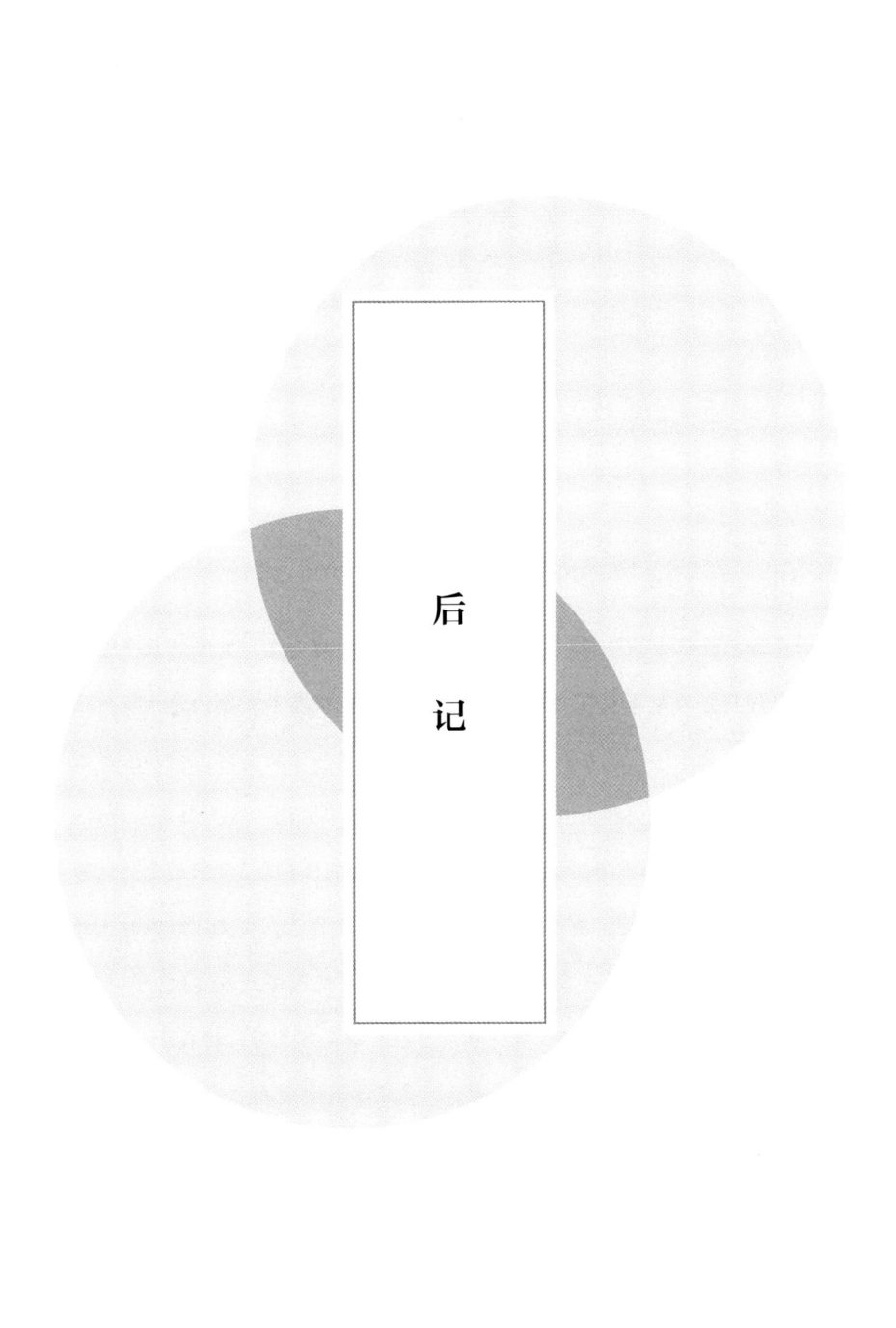

我们必须也只能为自己负责

在过去的三十多年中,我做过一些很不明智的决定,但父亲几乎不介入对错评判,而是尊重我的意见。即便是我之前极其不成熟的爱情观,他也没有过多地干涉。现在回看,他当时听我描述恋爱状态时,便知道我遇到"渣男"了,且"咎由自取"。但他没有试图"拯救"我,而是对我说:"爱情本身是值得尊重的。你尽管去爱,如果受伤,记得父母永远是你的避风港。"……高中阶段,由于叛逆心理,我想挑战自己,在文理分科时选择了不太擅长的理科,导致高考结果不尽如人意。父母给过我建议,但我很坚持,他们便没有强势地阻止我,也没有在我垂头丧气时,对我说:"不听老人言,吃亏在眼前。"我记得很清楚,父亲当时安慰我,说:"人生是场长跑。"

以上摘自父亲与我合著的《生活的平衡之道:孔子思想与关系管理》

一书中我写的自序。

非常感谢父亲放手让我做各种各样的人生选择，即便在我懵懂的青春期，即便是面临高考这样的人生大事，他依然敢于让我自己做选择，这使得我很早就明白：我能够为自己做选择，也只有我能为自己的选择负责，因为人生归根结底是我自己的。

詹姆斯·霍利斯的《中年之路：人格的第二次成型》中写道："为自己没有成为完美父母而感到内疚，或者试图保护孩子免受生活的考验，这对孩子都没有好处。渴望控制孩子，让孩子活出我们未竟的人生，让孩子复制我们的价值体系，这些都不是爱；这是自恋，它阻碍了孩子的人生旅程。"

道理很浅显，孩子有自己的人生，就算孩子走弯路，父母也无权左右孩子的人生方向。然而，直到我自己成为母亲，我才明白，父母要真正做到"放手"，有多难。

● 很多时候，我们的"付出"只是一种角色扮演和自我欣赏

我们这一生有很多角色，丈夫、妻子、孩子、父母、上级、下属等等，有时候我们会花太多的精力去扮演这些角色，这些角色就从普通的中性词变成了有很多定语的词，比如：负责的丈夫、温柔的妻子、耐心的父母、体恤的上级、孝顺的子女。扮演的角色偏离真正的自我，就会造成痛苦和

内耗。那为什么还要去扮演角色呢？很多时候，我们是在"自我欣赏"。

父母怕孩子走弯路，强势地要帮孩子"改道"，这是因为父母想要扮演一个好父母的角色，这份"好"可能只是父母的需要，满足他们自我欣赏的需求，并不一定是孩子所需要的。

有许多我们以为的"付出"，其实只是自我欣赏。不是说我们不要去扮演那些带有很多定语的角色，但应该清楚，自己欣赏就可以了。

我日常工作很忙，有一天，我挤出时间陪女儿玩了很久，然后问她："妈妈陪你玩了这么久，你开心吗？"三岁不到的女儿反问我："妈妈，我也陪你玩了这么久，你开心吗？"我瞬间被点醒：养育孩子固然不易，然而，父母不也在享受这个过程吗？我们可以做一个好父母，但别把这种行为当作投资甚至是痛苦的付出，否则很容易对孩子有不切实际的期待，甚至希望能控制孩子。

● 不要把自己当"权威"

孔子说："不在其位，不谋其政。"这适用于职业身份，也可以用于其他身份。比如为人父母，应当思考自己在孩子成长过程中所扮演的角色，支持者、引导者，甚至是严厉的鞭策者，等等，但一定记住，你不是他！不在其位！你的焦虑、担心是你自己的课题，与孩子无关。而孩子的课题，是学会为自己的人生负责。

为什么父母容易把自己太当回事？弗洛姆在《逃避自由》中有一段发

人深省的阐述：有些人可能在社会上什么也不是，但在家庭中觉得自己像个"人物"，伴侣和孩子应该对他俯首帖耳，他是这个舞台的中心，是个"王"，天真地认为这就是自己天然拥有的权利。

然而，这样的自我是虚妄的。如果我们真的渴望成为一个人物，那就去奋斗，去做个人物，不要因为有一个父母的角色，就以为自己是家庭的王。

不要把自己当成权威。你认为的弯路一定是弯路吗？你认为的答案就是标准答案吗？

在家中把自己当权威的不只是有些父母，还有一些成年的子女，他们要父母接受自己的观点，如果父母不接受，他们就认为父母是落伍的，或是不爱自己的。既然为人子女的我们不希望父母把他们的观念强加给我们，将心比心，父母也未必愿意子女强迫他们接受所谓"先进"观念。更何况，我们的观念就一定比父母的更好、更正确吗？就算是，谁有义务要理解我们呢？

为人师表，亦如此。我很幸运，遇到很多不把自己当权威的老师。我遇到困苦的时候会跟苏轼"对话"，让这位豁达的哲人来开导我。这个"对话"的习惯要追溯到我高中时期，我写过一篇高分作文，通篇讲的是我梦到自己跟苏轼一起喝酒，他是如何安慰我的，题目叫《共君觞明月》。照理说，这不符合语文老师跟我们强调的高考作文的"规范"要求，然而我的老师不但没有觉得我不可理喻，还给了我高分。但他把我叫到办公室，语重心长地提醒我：高考写这种散文是风险很大的。

我高中成绩不错,但不属于一般老师喜欢的那种"好学生"。英语老师布置作业,要求我们每周翻译英文报纸,我私下跟老师协商:"我可不可以翻译世界名著或者英文诗歌?我觉得报纸是泛读的读物,逐句翻译浪费时间。"老师居然同意了。后来,翻译成了我的爱好之一,我最自豪的一篇翻译作品,是用"江城子"的词牌名意译拜伦的"When We Two Parted"(《春逝》),因为诗里那句"In silence and tears"(以眼泪,以沉默)让我想到苏轼的"相顾无言,惟有泪千行"。我能有这么多突发奇想,要感谢父母和师长没有打压我。

我小时候不太合群,人缘也不太好。我在高中还有一段被校园"霸凌"的经历。当时,我学习之余,大都在学校合唱团,合唱团的"大姐大"拉拢其他小伙伴孤立我。我那时比较出风头,是黄浦区学生联合会主席、上海市"三好学生",自然也会有人不喜欢我,还有人在网上发帖骂我。但这没有击溃我的心理防线,因为我知道别人的评价没办法定义我,只有我能定义自己。我能在高中就做到这一点,我的父母和老师们功不可没。

● 我们永远"有的选"

没有什么是角色强加给我们的。正如萨特所说,人是被判定为自由的。

我常听客户抱怨:"父母太控制我了,我没的选。"其实,我们永远有选择的自由。这就是我要花那么长的篇幅讲自主三角的原因。

在中华传统文化下,扮演子女的角色,有时候并不容易。一方面,父母的养育之恩让我们心怀感激，有时还会心含愧疚；另一方面，我们有着强烈想要自主掌控人生的心，这使得我们惧怕任何形式的控制，不论它披着何种"为你好"的外衣，我们都会感到巨大的不适，因为我们的自主性受到了威胁。

我做心理教练时，一位客户说："我妈妈是控制型父母，我每次不顺着她，她就说我是白眼狼。"他还上升到中华文化的角度，说"孝顺"本质就是一种精神控制的结果，尤其是这个"顺"字。

我恰恰觉得这个"顺"字体现了中华传统文化的精髓——道法自然。我在讲职业角色时说过，当角色和自我有冲突的时候，我们也可以选择用一些策略，"顺"是一个非常好的策略。

"孝顺"从何而来？参考《生活的平衡之道：孔子思想与关系管理》一书中对"孝"这个字的诠释，或许会对我们有所启发。《论语》记载，有四个人问孔子怎样"尽孝"，孔子有四个不同的回答，这意味着"孝"的方式有很多，"顺"其实也只是其中一种。这四个来问孔子"什么是孝"的人，分别是一个高官、一个"官二代"、一个"暴脾气"、一个穷学生。孔子对高官（孟懿子）说，"无违"就是孝，就是"顺"；对"官二代"，回答"别给父母添麻烦"就是孝；对脾气不好的学生，回答"敬"就是孝；对家里穷的学生，回答是"色难"，别在父母面前愁眉苦脸，这就是孝。细细想来，他为什么这样"区别对待"呢？做大官、大老板的儿女，往往在外面习惯了下达各种命令，回家后，也习惯性地对父母各种安排，用自己认为孝的方式对待父母，然而，这是父母想要的吗？不一定。因此，孔子对他们说，

"无违",顺从父母就是一种孝。在孔子看来,当我们比父母"厉害"了,更应该顺,要把"顺"作为一种策略。

在我的课程"心智成长营"推出之初,有学员得知我正怀着二胎,就留言问我"如何平衡工作与家庭"。其实,我没有所谓平衡,很惭愧,因为母亲帮我承担了大部分养育大宝的任务,可以说,没有她的辛勤付出,我绝对没办法做那么多事。我对母亲有很强烈的愧疚感。我希望她开心。我是个嘴上很听话的孩子,我会顺着她说,但这么多年来,妈妈也知道,我最终会做什么选择,她左右不了。现在我是两个孩子的妈妈了,她也觉得我的心智是成熟的,但当她看到我身上有什么她不满意的地方时,她依然会选择批评我,我依然会选择顺着她说"对""是的""我要改",我也清楚有些事我不会改,她也清楚我有时就是这么说说,然后两个人一起开开心心的。我是不是在搪塞妈妈?某种程度上是,但我的目的是让她开心,我清楚什么样的方式能够让她开心,而且选择这样做。

一个人在自主三角稳定时,不论说什么,都只是一种角色策略。妈妈常常会说我这没做好,那没做好,我也早就清楚哪里不对,哪里不好,但我不会说:"我知道!我又不傻。"而是会吹一顿"彩虹屁":"妈妈真是有智慧,还得是你!我很受用。"父母之所以唠叨,无非是希望体现自己对孩子是有价值的、有帮助的。

我这样做符合伯恩的沟通分析理论。当母亲处在父母自我状态希望我"听话"时,我用顺从的儿童自我状态来回应,才不会引发矛盾。这时如果我用成人自我状态来回应母亲的父母自我状态,比如跟母亲分析她的观念为什么过时了，她这样说为什么不合适，这样的沟通被伯恩归类为"无礼的反应"。

而且，人际沟通可以作为一种策略存在，我事实上处在成人自我状态，但我有意识、有策略地选择用顺从的儿童自我状态跟母亲的父母自我状态沟通。我们也有成人自我状态与成人自我状态的沟通，比如她用朋友的口气给我提建议，我也提出真实的困惑与想法。

很多人觉得自己超越父母的时刻，是发现父母的观念跟不上自己的时候。我认为，我们真正超越父母的时刻，是发现我们根本不需要父母跟上自己的观念的时候。当我们真正超越父母的时候，我们还能运用"顺"这个策略，这才是孔子倡导的"孝"。如果我们还在勉强他人接受我们的价值观，这说明我们对自己的价值观还不确信。

我现在面对任何建议都会客观地当成"消息源"，我不会关注对方用什么样的方式跟我说话，可能很凶，可能是在打压甚至侮辱，也可能态度极好、极为尊重，态度好也可能只是对方的策略而已。我会更重视对方真正想要说的是什么，哪些部分有借鉴意义。因为，这个世界上所有的他人，都只是消息源而已。

欧文·亚隆在《存在主义心理治疗》一书中很好地诠释了为自己做决定的重要性。他认为，我们首先应当接受一切都是我们自己的决定，拖延、酗酒、受利用、受骗等等，甚至活下去也是个决定。

这是承担责任的第一步，也是一个很好的开始。而心理教练帮助来访者改变的下一个阶段目标，是让这个领悟更加清晰和深入，让来访者发现，自己其实在采取一些逃避责任的策略，比如"父母在控制我，导致我无法……""因为老板不好，所以我……"这些把决策责任推给他人的说辞本质上都是逃避责任的策略。只有认识到这些都是自己的决定，责任在自己，而非他人，我们才有改变处境的可能。

　　人生，归根结底是自己的，我们必须为自己负责，也只能为自己负责。活出自己，应该成为人生的主旋律。

图书在版编目（CIP）数据

你就是困住自己的那座山 / KnowYourself，汤落雁著． -- 长沙：湖南文艺出版社，2025.4. --ISBN 978-7-5726-2275-5

Ⅰ.B821-49

中国国家版本馆 CIP 数据核字第 2025WS2795 号

上架建议：畅销・成功励志

NI JIU SHI KUNZHU ZIJI DE NA ZUO SHAN
你就是困住自己的那座山

著　　者：KnowYourself　汤落雁
出 版 人：陈新文
责任编辑：张　璐
出 品 方：好读文化
出 品 人：姚常伟
监　　制：毛闽峰
策划编辑：罗　元　张　翠
特约编辑：颜若寒
特约文案：云　爽
营销编辑：刘　珣　大　焦
封面设计：✕ TT Studio 谈天
版式设计：果　丹
出　　版：湖南文艺出版社
　　　　　（长沙市雨花区东二环一段 508 号　邮编：410014）
网　　址：www.hnwy.net
印　　刷：北京美图印务有限公司
经　　销：新华书店
代理发行：中南博集天卷文化传媒有限公司
开　　本：875 mm × 1230 mm　1/32
字　　数：197 千字
印　　张：8.75
版　　次：2025 年 4 月第 1 版
印　　次：2025 年 4 月第 1 次印刷
书　　号：ISBN 978-7-5726-2275-5
定　　价：49.80 元

若有质量问题，请致电质量监督电话：010-59096394
团购电话：010-59320018